平台生态企业
战略联盟、
盈利模式与价值共创

冯倩 陈昊 储云南 刘舟文 ◎ 著

Platform Ecological Enterprises
Strategic Alliances,
Profit Models and Value Co-creating

企业管理出版社
ENTERPRISE MANAGEMENT PUBLISHING HOUSE

图书在版编目（CIP）数据

平台生态企业：战略联盟、盈利模式与价值共创 / 冯倩等著. —北京：企业管理出版社，2024.1

ISBN 978-7-5164-2922-8

Ⅰ. ①平… Ⅱ. ①冯… Ⅲ. ①网络企业 – 企业经营管理 – 研究 – 中国 Ⅳ. ① F279.244.4

中国国家版本馆 CIP 数据核字（2023）第 182514 号

书　　　名：	平台生态企业：战略联盟、盈利模式与价值共创
书　　　号：	ISBN 978-7-5164-2922-8
作　　　者：	冯　倩　　陈　昊　　储云南　　刘舟文
责任编辑：	徐金风　　黄　爽
出版发行：	企业管理出版社
经　　　销：	新华书店
地　　　址：	北京市海淀区紫竹院南路 17 号　　邮　编：100048
网　　　址：	http://www.emph.cn　　电子信箱：emph001 @163.com
电　　　话：	编辑部（010）68701638　　发行部（010）68414644
印　　　刷：	北京亿友创新科技发展有限公司
版　　　次：	2024 年 1 月第 1 版
印　　　次：	2024 年 1 月第 1 次印刷
开　　　本：	710mm×1000mm　1/16
印　　　张：	13
字　　　数：	200 千字
定　　　价：	68.00 元

版权所有　翻印必究　·　印装有误　负责调换

序言 PREFACE

随着数字化和智能化的进程不断加快，传统产业面临着巨大的挑战和机遇，而平台企业可以通过连接产业链上下游，实现产业升级和转型，提高生产效率并降低成本。如今，消费者对于产品的需求日益个性化、定制化和多样化。传统企业往往难以满足这些需求，而平台企业则可以通过精细化运营等操作满足用户的需求。这也是平台企业的发展在经济发展中占有重要地位的原因之一。随着移动互联网、云计算、大数据、人工智能的不断发展，平台企业面临着越来越严峻的挑战。平台需要不断增强自身的竞争实力以在市场中占得一定的份额。价值共创是如今经济发展的大趋势之一，如何更好地参与价值共创是平台企业要思考的重点话题。价值共创的影响因素及其作用机制等一系列问题是本书探讨的重点。

本书主要探究平台企业价值共创的影响因素，通过对相关背景及文献的梳理，初步确定可能对平台企业价值共创产生影响的因素为战略联盟、盈利模式，同时以生态系统为中介探讨战略联盟、盈利模式与价值共创的关系，以期为价值共创的相关研究作补充，并为企业的管理实践提供一定的借鉴。基于已有文献，本书形成了可用于调查的问卷，利用相关资源将问卷发放给在平台企业工作的特定群体，以获得本研究的数据，并使用 SPSS 23.0 软件对 329 份问卷数据进行了描述性统计、信度效度分析、相关性分析及回归分析，最终得出本书的研究结论。为进一步验证平台企业战略联盟、盈利模式、生态系统及价值共创的关系，本书选用三个案例企业进行比较研究。在现实意义上，本书可以为经济社会发展提供有力支撑，为相关部门制定政策提供参考，为企业共创价值提升提供一定的路径参考，从而激发企业的发展活力；在理论上，可以丰富战略联盟、盈利模式、生态系统及价值共创的相关研究，补充以生态系统为中介的相关研究，完善企业共创价值提升的内在机制。

  本书主要通过文献研究法、统计分析法对平台企业战略联盟、盈利模式、生态系统与价值共创的关系进行探讨。实证结果表明，平台企业的战略联盟对价值共创具有显著的正向影响，具体表现为战略联盟中的契约治理和关系治理对价值共创具有显著的正向影响。平台企业的盈利模式对价值共创具有显著的正向影响，具体表现为盈利模式中的降本增能和业务增长对价值共创具有显著的正向影响。平台企业的生态系统对价值共创具有显著的正向影响，具体表现为生态系统的信息共享和动态能力对价值共创具有显著的正向影响；生态系统起到部分中介作用，即在生态系统的影响下，战略联盟、盈利模式两个变量分别可以对平台企业的价值共创产生显著的正向影响。

  通过实证分析，本书得出以下研究结论：①维护战略联盟有助于促进平台企业价值共创；②恰当的盈利模式有助于增加企业参与价值共创的资本；③良好的战略联盟有助于维护企业的生态系统；④升级盈利模式有助于企业构建良好的生态系统；⑤生态系统为企业价值共创打造发展条件；⑥生态系统促进战略联盟改进价值共创；⑦生态系统助力盈利模式推动价值共创。基于得出的研究结论，本书从战略联盟、盈利模式及生态系统角度提出了针对企业管理实践的建议：①重视契约治理，维护联盟企业关系；②致力降本增能，实现业务增长；③增强信息共享，提升动态能力。

冯倩

2023 年 11 月 28 日

目录 CONTENTS

| 第一章 | 绪 论 | **001** |

第一节　研究背景 …………………………………… 003
第二节　研究问题 …………………………………… 006
第三节　研究目的 …………………………………… 007
第四节　研究意义 …………………………………… 008
第五节　研究范围 …………………………………… 009
第六节　关键概念界定 ……………………………… 010
第七节　研究方法 …………………………………… 013
第八节　研究框架 …………………………………… 015
第九节　研究创新点 ………………………………… 017
第十节　结论 ………………………………………… 018

| 第二章 | 理论基础与文献综述 | **021** |

第一节　理论基础 …………………………………… 023
第二节　战略联盟相关研究 ………………………… 027
第三节　盈利模式相关研究 ………………………… 030
第四节　生态系统相关研究 ………………………… 032

第五节 价值共创相关研究 ……………………………………… 035

第六节 研究评述 …………………………………………………… 038

第七节 结论 ………………………………………………………… 040

|第三章| 研究假设与问卷设计　　　　　　　　　　**043**

第一节 研究假设与作用机理 …………………………………… 045

第二节 研究框架与假设总结 …………………………………… 050

第三节 问卷设计与测度变量 …………………………………… 052

第四节 数据收集与分析方法 …………………………………… 057

第五节 结论 ………………………………………………………… 061

|第四章| 实证分析　　　　　　　　　　　　　　　**063**

第一节 描述性统计 ……………………………………………… 065

第二节 信度与效度检验 ………………………………………… 068

第三节 相关性分析 ……………………………………………… 079

第四节 回归分析与假设检验 …………………………………… 080

第五节 生态系统的中介效应 …………………………………… 085

第六节 检验结果分析与讨论 …………………………………… 089

第七节 结论 ………………………………………………………… 092

|第五章| 案例分析　　　　　　　　　　　　　　　**093**

第一节 小米公司案例分析 ……………………………………… 095

第二节 科大讯飞案例分析 ……………………………………… 109

第三节 字节跳动案例分析 ……………………………………… 126

　　　　第四节　案例比较分析 ································ 139
　　　　第五节　总结 ·· 144

| 第六章 | **结论与建议**　　　　　　　　　　　　　　　　　**145**

　　　　第一节　研究结论 ···································· 147
　　　　第二节　研究建议 ···································· 154
　　　　第三节　总结 ·· 160

| 第七章 | **不足与展望**　　　　　　　　　　　　　　　　　**161**

　　　　第一节　研究不足 ···································· 163
　　　　第二节　未来展望 ···································· 164
　　　　第三节　总结 ·· 165

参考文献 ·· **166**

附　录 ·· **196**

第一章

绪 论

本章从研究背景入手，旨在提炼出本书的研究主题，明确研究目的，确定相应的研究范围，阐述研究方法，并确定研究意义。为了便于研究的开展，本章还对主体部分进行了安排，并从应用创新、视角创新及观点创新三个角度阐述了可能的创新点。

第一节 研究背景

随着互联网、5G等技术的发展，平台企业成为促进数字经济发展的重要主体。本节主要阐述本书的相关研究背景，包括现实背景与理论背景。

一、现实背景

目前，国家十分支持平台经济的发展，出台了许多有利于平台经济发展的政策。例如，2021年国家发展和改革委员会等九部门强调"规范健康发展"，继而原国务院金融稳定发展委员会提出"平稳健康发展"，进而提出"促进健康发展"，全国政协专题协商会公开表示"支持平台经济持续健康发展"。"规范—平稳—促进—支持"的历程，既表明了国家对平台企业的支持力度越来越大，也表明了平台企业在国家政策的推动下正在向越来越好的方向发展。不仅中央表达出支持平台企业健康发展的信号，地方企业也纷纷对平台企业的经济发展传递出积极的信号。因此可见，平台经济在国家经济科技进步中承担着更大的责任。2021—2022年国家关于推动平台经济发展的政策如表1-1所示。

表1-1 2021—2022年国家关于推动平台经济发展的政策

日期	文件/会议	涉及平台经济的政策表述
2021-12-24	国家发展改革委等九部门联合出台《关于推动平台经济规范健康持续发展的若干意见》	坚持发展和规范并重，适应平台经济发展规律，建立健全规则制度，优化平台经济发展环境
2022-3-16	原国务院金融稳定发展委员会专题会议	安稳促进并尽可能快地完成大型平台企业的相关整改工作，不论是红灯还是绿灯，都要做好设置好的准备，以此来促进平台经济的平稳发展及健康发展，进而提高国际竞争力

续表

日期	文件/会议	涉及平台经济的政策表述
2022-4-29	中共中央政治局会议	稳步维持健康发展的平台经济、结束在平台经济上的专项整改、实行常态化的监管、出台支持平台经济规范健康发展的具体措施
2022-5-13	国务院办公厅《关于进一步做好高校毕业生等青年就业创业工作的通知》	设置好"红灯""绿灯"，促进平台经济健康发展，带动更多就业
2022-5-17	全国政协召开"推动数字经济持续健康发展"专题协商会	支持包括平台经济在内的多种经济得以持续健康发展，研究支持相关的具体措施，并进一步鼓励平台企业参与国家重大科技创新项目
2022-5-18	召开稳增长稳市场主体保就业座谈会	支持平台经济、数字经济合法合规境内外上市融资，打造稳定透明、公平竞争、激励创新的制度规则和营商环境

从中国第一个电子商务平台诞生开始，发展至今，平台经济经历了多个阶段，包括萌芽起步、爆发增长、竞争加速、整顿治理四个阶段，如图1-1所示。

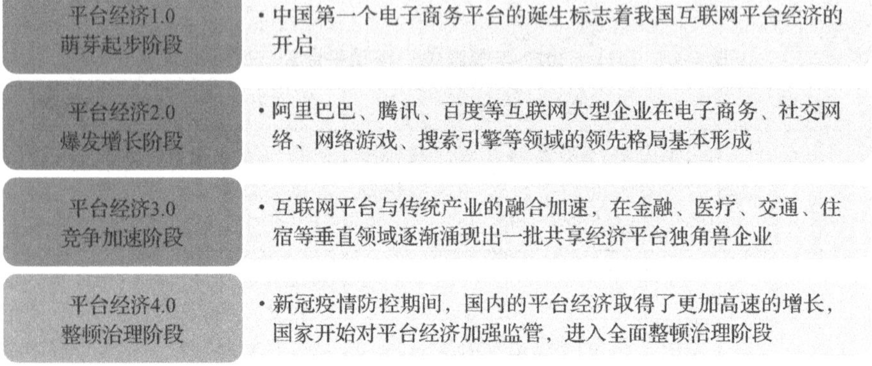

- 平台经济1.0 萌芽起步阶段：中国第一个电子商务平台的诞生标志着我国互联网平台经济的开启
- 平台经济2.0 爆发增长阶段：阿里巴巴、腾讯、百度等互联网大型企业在电子商务、社交网络、网络游戏、搜索引擎等领域的领先格局基本形成
- 平台经济3.0 竞争加速阶段：互联网平台与传统产业的融合加速，在金融、医疗、交通、住宿等垂直领域逐渐涌现出一批共享经济平台独角兽企业
- 平台经济4.0 整顿治理阶段：新冠疫情防控期间，国内的平台经济取得了更加高速的增长，国家开始对平台经济加强监管，进入全面整顿治理阶段

图1-1 平台经济发展历程

网络平台企业伴随分工深化、产品复杂化和信息技术驱动应运而生，

成为新经济下的典型组织形态。2015年以来，政府推进"互联网+"行动。在"互联网+"背景下，网络平台企业逐渐成为经济发展的新引擎。被互联网技术驱动的网络平台企业带来的传统企业商业模式的改变和价值创造模式的改变都创造了极大的商业价值。在2018年世界500强排行榜上，全球互联网平台企业上榜六家公司；目前，世界上规模最大的100家企业中，有60%的企业从平台市场或网络中获取大部分的收益。

借助互联网技术，颠覆和重构传统的商业逻辑和组织的价值创造模式，平台企业得以通过搭建基础区块促进双边用户的交易和创新活动，进而提升自身效率。企业能够以不同的方式付出、获利，借助资本、技术和大数据等"互联网+"元素推动产业的变革和智能化发展。对于网络平台企业，信息释放和信息获取产生的信息联结红利成为新的租金获得方式。实践活动中，网络平台企业通过连接双边或多边用户对传统产业造成了巨大冲击。

二、理论背景

对平台企业的研究源于对平台的研究，Tushman和Murman从工程学视角指出，所有平台的基础架构分为可变性低的组件和可变性高的外围组件，其中，用可变性低的组件建构平台，可用于生产产品组，并支持产品的多样性和自身的可演变性。从2000年开始，平台理论开始由技术视角研究转入经济学和管理学领域，Rochet和Tirole（2004）首次提出双边市场中存在平台，用于连接用户。平台被视为促成双方或多方客户交易的现实或虚拟空间，在双边市场中连接不同的用户群体并提供产品或服务，是一种介于市场和科层之间的混合型组织。对平台企业的研究着眼于盈利模式、价值共创等方面。

（一）盈利模式研究不断深入

在盈利模式方面，研究者对平台企业盈利模式的内涵、动因和过程进行阐述，并强调时间和空间维度的驱动力影响。特别是对不同企业的盈利模式的转型与升级，制定了具有针对性的修改策略。

(二) 价值共创机制不断完善

平台商业模式为两个及两个以上的群体提供连接通道，有助于完善双方或多方的互动机制，进而满足群体需求并从中获得一定的利益。平台商业模式创造价值的逻辑是非线性的，以"连接—聚合"的方式，降低交易成本；平台价值创造源于平台使用者（买卖双方和第三方）的大量联结和价值互动，其关键在于构建网络效应。

第二节　研究问题

平台企业的发展成为影响经济增长的重要因素，如何让平台企业为社会创造出更多的价值是值得关注的问题。因此，本书针对平台企业的价值共创展开了研究。本书的研究问题属于战略领域，以价值共创作为基点，以战略联盟、盈利模式、生态系统等为切入角度，研究平台企业战略联盟、盈利模式、生态系统及价值共创之间的关系，从而为平台企业价值共创效益的提升提供一定的借鉴参考。因此，本书具体研究的问题包括以下四点。

第一，平台企业战略联盟与价值共创的关系。平台企业战略联盟与价值共创之间是否存在关系，如果两者之间存在关系，平台企业战略联盟将如何影响价值共创？

第二，平台企业盈利模式与价值共创的关系。盈利模式与价值共创之间是否存在关系，如果两者之间存在关系，盈利模式又将如何影响价值共创？

第三，平台企业战略联盟是否会通过作用于生态系统而影响平台企业的价值共创，如果会，作用机理是什么？

第四，平台企业盈利模式是否会通过作用于生态系统而影响平台企业的价值共创，如果会，作用机理是什么？

第三节　研究目的

本书的研究目的主要包括促进企业共创价值提升、为政府制定政策提供依据及丰富价值共创理论。

第一，促进企业共创价值提升。本书主要针对平台企业价值共创的影响因素展开，通过实证分析对价值共创的影响因素进行探讨，包括战略联盟、盈利模式及生态系统，并通过案例分析验证价值共创的影响因素之间的关系，以期为提升企业的价值共创效益提供一定的路径参考。

第二，为政府制定政策提供依据。本书通过多元回归的方法构建了相关的模型，明晰了各因素对价值共创的影响，并通过案例分析进一步验证价值共创的影响因素之间的关系，以期为政府制定有利于平台企业价值共创的政策提供依据，进而促进平台企业价值共创的发展。

第三，丰富价值共创理论。本书对战略联盟、盈利模式及生态系统等多种因素对企业价值共创的影响进行研究，以期补充和丰富价值共创的相关理论。

第四节 研究意义

本节从理论意义及应用价值两个角度阐述本书的研究意义。

一、理论意义

本书主要是围绕平台企业的价值共创进行的，其理论意义主要有以下三点。

第一，丰富和深化了战略联盟、盈利模式对价值共创的影响的相关研究。目前，学术界对价值共创的影响因素的研究虽然颇多，但关于战略联盟、盈利模式对价值共创的影响的研究仍有待补充。本书主要探讨平台企业的价值共创的影响因素，在一定程度上为价值共创的研究提供了新的视角，丰富了战略联盟、盈利模式对价值共创的影响的相关研究。

第二，丰富了对生态系统的中介作用的相关研究。本书以生态系统为中介变量，探讨在生态系统的中介作用下战略联盟和盈利模式对价值共创的影响，在考察战略联盟、盈利模式对价值共创的影响机制的同时，在一定程度上丰富了对生态系统的中介作用的相关研究。

第三，丰富和完善了企业价值共创效益提升的内在机制研究。平台企业的价值共创涉及诸多因素，这也决定了企业价值共创效益提升的复杂性。本书主要围绕平台企业的价值共创展开，以生态系统为中介变量，研究战略联盟、盈利模式对平台企业价值共创的影响机制，在一定程度上丰富和完善了平台企业价值共创效益提升的内在机制研究。

二、应用价值

本书的应用价值可以从社会、政府和企业三个层面来看。

第一，为促进社会经济提供一定的现实参考。本书主要探讨的是平台企业价值共创的影响因素，构建了战略联盟、盈利模式对价值共创影响的理论模型，为促进社会经济提供一定的现实参考。

第二，为有关部门制定相关政策提供一定的理论参考。企业的价值共创涉及多方主体，是影响国家经济发展的重要因素，政府对此也出台了一系列措施对企业进行扶持和引导。理论上，本书可以为有关部门制定相关政策提供一定的参考，使政府可以在企业参与价值共创时给予一定的政策帮助。

第三，为企业提升价值共创效益提供一定的路径参考。价值共创涉及的影响因素众多，因此，企业要更好地参与到价值共创当中，需要综合考虑多方面因素。本书在一定程度上可以为企业参与价值共创、提升共创效益提供借鉴参考。

第五节　研究范围

本书的研究对象是平台企业，即提供网络的底层技术和基础，不参与核心价值的创造，但连接核心价值的创造者和用户两端，相当于中间商。平台型企业除了将资源进行自由组合，还要求其有一个独立的商业想法可以在平台上实现，不受约束，不参与竞争获利。本节从空间范围、时间范围及理论范围三个角度阐述本书的研究范围。

第一，空间范围。研究对象为中国大陆崛起的平台企业，主要集中在中国的东部地区。

第二，时间范围。研究对象为随着互联网的发展形成的平台企业，主要集中在2002年以后的数字化平台企业。

第三，理论范围。本书应用的相关理论和知识主要集中在企业战略管理领域，也包括生态系统理论和价值共创理论。

第六节　关键概念界定

为进一步明确本书的研究问题，本节通过对前人文献的梳理，对战略联盟、盈利模式、生态系统及价值共创等关键概念进行界定。

一、战略联盟

根据《企业管理学大辞典》中的定义，"战略联盟"指两个及两个以上的拥有不同经营资源的企业，基于对整个市场的预期和企业总体经营目标、经营风险的考虑，为达到共同拥有市场、提高竞争能力等战略目标，通过协议、契约或合资等方式而结成的联合组织，是一种一体化程度较高的战略合作方式。企业战略联盟是20世纪90年代以来被广泛采用的一种新的合作战略组织形式，导致其形成的原因包括：

第一，外部原因。企业战略联盟形成的外部原因主要包括市场的全球化、新技术及其产品的迅速扩散和更新周期的缩短，实现规模经济、范围经济和学习效应的需要，企业经营环境不确定性的增加等。

第二，内部原因。企业战略联盟形成的内部原因主要包括获得市场进入、技术和诀窍、原材料的机会增加，实现降低战略发展成本、降低风险的目的，防御被兼并等。

企业战略联盟可以从集中式（协议安排）或综合式（联合进行研究与开发、联合生产、联合获得零部件来源等）、合资或非合资协作、两个合作伙伴或多个合作伙伴组成的财团等方面进行分类（陈佳贵，2000）。《新编经济金融词典》对战略联盟的定义为，两个或两个以上企业之间的长期或短期联盟。目的是资源共享、集中优势、共担风险和获取共同利益。战略联盟是一种能够进入新市场、获取新技能、改善企业竞争地位的重要方法（杨明基，2015）。

在本书中，战略联盟是指两个或者两个以上的企业基于资源共享、提高竞争能力等目的而组合的长期或短期联盟。

二、盈利模式

在逻辑层面,有学者提出,可以把盈利模式看为逻辑性框架。企业进行顶层设计所要考虑的应该是,站在战略角度,运用战略思维来考虑其利润从哪里来的问题,要串联公司价值从产生到传送再到最后实现等来形成一个严密的逻辑框架(梁露丝,2018)。国外学者针对企业运营过程中的盈利模式提出了一些想法,例如,Byron J Finch(1996)认为,盈利模式是一种关于相互关联的综合要素的解析形式,包括价值、资源和盈利指标。站在利润模型以及价值链的角度,Paul Tirnxners(1998)认为,企业收入模型可以由信息流、资金流等机制体系来形成,这表现了深层次上的行业市场的经济效益以及公司营业利润。以公司利益相关方的角度来考虑,Forbes 和 M Lederman(2010)指出,利润模型可以区分公司利润相关方的经济效益、现金流、要素资源等,最后从各个实际结果来得到价值创造,在重要因素等诸多方面对盈利模式进行总结,清晰透彻地分析了各个模式。就投入产出而言,Einhorn 和 Bruce(2008)认为,盈利模式是一个周期循环,从投资到生产再到盈利,在拥有有效销售渠道的前提下,公司的资产质量与高效发展对于形成一个较为完善的盈利模式来说,是相对重要并且关键的因素。

在本书中,盈利模式是指从投资到生产再到盈利的周期循环。

三、生态系统

根据《生态文明建设大辞典》(第二册)可知,企业生态系统也可称为商务生态系统,是指由不同性质的企业及其所处环境构成的经济联合体,包括生产商、经销商、供应商、投资商、消费者以及企业员工和相关政府机构等。企业生态系统的概念由 James F. Moore 在 1993 发表的商业评论《捕食者与被捕食者:一种新的竞争生态学》中首次提出,其后在 1996 年出版的专著《竞争的衰亡：企业生态系统时代的领导与战略》中，不仅对企业生态系统给出了完整的定义，而且超出对企业竞争合作关系的传统解释路径，将生态学的协同进化理论运用于企业与企业之间的竞争与合作，认为企业与企业之间存在着类似自然生态系统的协同进化能力（祝光耀、张塞，2016）。

本书中的生态系统是指由不同性质的企业及其所处环境所构成的整体，包括生产商、经销商、供应商、投资商、消费者以及企业员工和相关政府机构等。

四、价值共创

目前，价值共创的内涵在学术界仍未达成统一。关于价值共创内涵的研究，不同的学者基于不同的视角对价值共创的定义进行了界定。有的是基于参与成员的视角，如企业、顾客等，有的是基于价值视角，有的是基于资源分配视角。所以，在测量上，价值共创具有情景化的特征（刘欣、谢礼珊、黎冬梅，2021）。有学者认为，价值共创是指顾客、供应方、平台提供者等多方主体，利用网络平台，通过相互之间的合作和资源共享，创造网络效应，共同实现价值创造（杨路明、张惠恒、许文东，2020）。从狭义和广义的层面来看，价值共创的概念也有些许差异。在狭义层面上，价值共创多指使用价值层面的共创，其主体包括作为参与成员的企业和顾客。在广义层面上，价值共创的内涵更加丰富，在这个层面上，价值共创不仅有狭义层面的内涵，还涵盖了从产品研发到产品销售的一系列过程中，顾客在其中直接或间接参与互动共创价值（杨硕、周显信，2021）。总的来看，价值共创的内涵十分丰富，不同学者基于不同的研究背景和研究视角，对价值共创做出了不同的定义。

本书中的价值共创是指包括顾客、供应商、平台提供者等的多方主体，利用相关平台，通过合作及资源共享等，共同实现价值创造。

第七节 研究方法

本书采用的研究方法主要有文献研究法、统计分析法和案例研究法，使研究结论更具可靠性。

一、文献研究法

文献研究法主要是指通过收集、识别以及整理的过程来研究相关文献，并通过这样的研究过程得到科学认识。文献研究法的过程一般包括五个基本环节，即提出课题或假设、研究设计、收集文献、整理文献与文献综述。

文献研究法的应用需要研究者首先明确课题或假设，而后根据需要，对有关文献进行分析以及整理，必要时对相关文献进行归类分析。

文献研究法的优点主要有以下五点：

第一，打破时空限制，可以调查古今中外文献。

第二，可以避免口头调查的误差，比口头调查更准确。

第三，只调查和研究各种文献，可以避免人的主观误差。

第四，相对方便和自由，较少受到外界制约，并且有及时弥补错误的机会。

第五，相对其他研究方法而言，可以节省时间和金钱。

根据文献类别的不同，研究者收集相关文献的渠道也有所不同。例如，相对稀缺的资料可能无法通过网络渠道获取，需要从图书馆、档案馆以及博物馆等地获取相关资料。此外，科学及教育事业单位或机构、学术会议等也是研究者获得文献资料的渠道。渠道的选择取决于所要收集文献的类别及稀缺性。在手工检索时，用到的工具包括目录卡片、目录索引以及文摘等。参考文献查找方式又称追溯查找方式，适用于需要快速搜索到相关文献的研究者。同时，参考文献查找方式也可以保证文献的质量。具体操作方法是先找到一些相关的权威文献，然后根据这些文献的参考文献目录进一步搜索其他有代表性的文献，并从中筛选出自己需要的文献进行分析。

收集文献时要注意文献的内容充实和信息丰富，并且应该有一定的指向性，也就是要先明确自己的研究目标、课题或假设。此外，文献的积累应该是全面的，这要求研究者不仅要收集课题所涉及的文献，还要从不同角度去思考同一问题。收集文献不能带有片面性，也就是不但要搜集观点相同的相关文献，且不能忽略不同观点甚至是相反观点的文献。需要研究者特别注意的是，不能有"先入为主"的观点，即只关注与自己的观点或者假设相似的文献，而不自觉地忽视与自己意见相左的文献。

本书在研究过程中，通过检索有关纸质及电子资料梳理中外有关文献的方式，以战略联盟、盈利模式、生态系统以及价值共创等为主题进行大范围的文献搜索，了解各变量的研究现状，明确相关理论的主要研究内容及其发展趋势，并对所收集的资料进行梳理，同时对各学者提出的不同观点进行分析研究，从而构建本书的整体研究框架，为本书的深入研究打下坚实的基础。

二、统计分析法

统计分析法是一种应用广泛的现代科学方法，具备一定的科学性、精确性和客观性。其具体使用方式为通过建立数学模型，统计和分析数据及资料，进而形成定量的结论。

本书使用统计分析法对收集到的问卷数据进行分析，进而明晰战略联盟、盈利模式、生态系统和价值共创之间的关系，并构建相应的模型。在此基础上，提出相关的建议。

三、案例研究法

案例研究法是指研究者选取一个或若干现象作为目标，系统地搜集信息与材料，展开广泛的调研，以探索某一现象在具体条件下的情况。可以在现象的具体条件界限不清楚又不易于识别，或研究者没有提供正确、直接且有系统的研究方法的场合使用，解决"如何改变""为什么变成这样"及"结果如何"的关系问题。

案例研究法具有特定的逻辑，需要研究者对特定的资料进行搜集和分析，既可采用实地观察，也可通过研究文件来获取资料。案例研究法更多偏向定性，在资料收集和资料分析上具有特色，包括依赖多重证据来源，不同资料证据必须能在三角检验的方式下收敛，并得到相同结论。案例研究法常常有事先开发的理论命题或问题定义，以引导出资料收集的方式和材料分类的重点，注重对当时事物的检视，不参与事物的操控，因此能够保持事物的完整性，并发现有意义的特征。与其他方法相比，案例研究法可以对事件做出更详细的描述与更全面的认识，对动态的相互作用事件及其所处的社会环境脉络进行了解，就可以达到比较全面和系统的认识。

本书选用三个典型案例企业进行研究，对平台企业战略联盟、盈利模式、生态系统和价值共创的关系进行验证。

第八节　研究框架

本书结构安排遵循如图 1-2 所示的次序展开：提出研究问题、构建理论模型、实证分析检验、结论与建议、不足与展望。

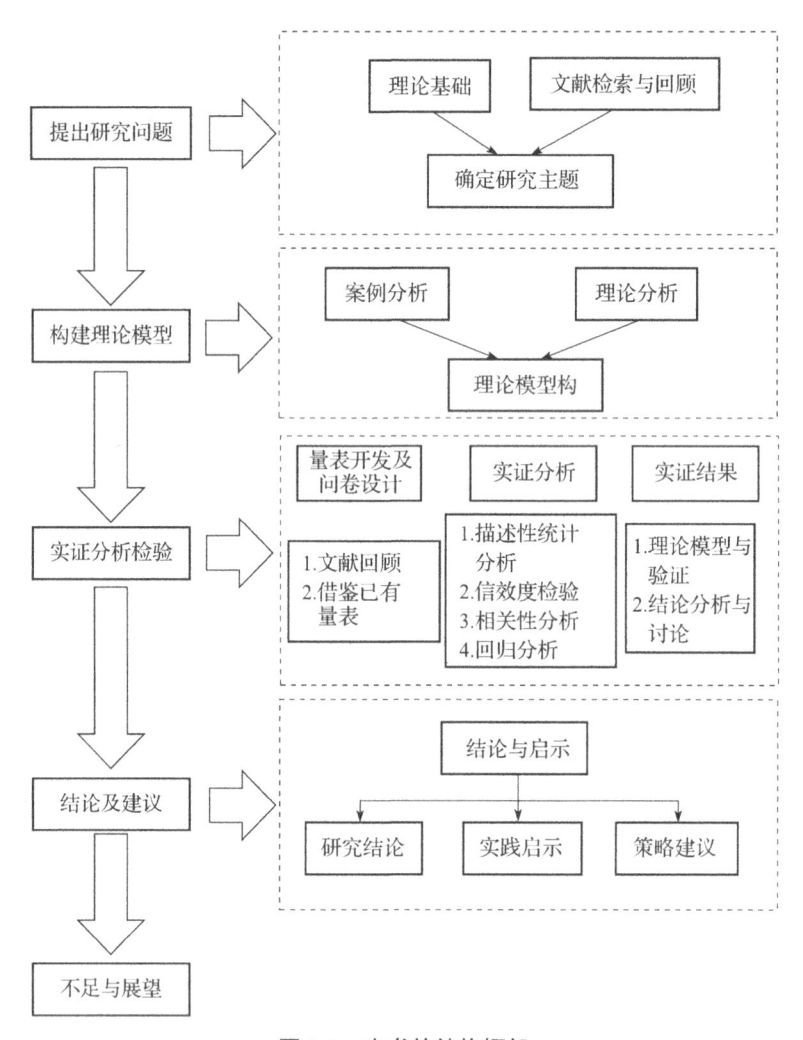

```
提出研究问题 → [理论基础, 文献检索与回顾 → 确定研究主题]

构建理论模型 → [案例分析, 理论分析 → 理论模型构]

实证分析检验 → [量表开发及问卷设计(1.文献回顾 2.借鉴已有量表), 实证分析(1.描述性统计分析 2.信效度检验 3.相关性分析 4.回归分析), 实证结果(1.理论模型与验证 2.结论分析与讨论)]

结论及建议 → [结论与启示 → 研究结论, 实践启示, 策略建议]

不足与展望
```

图 1-2　本书的结构框架

第一章，绪论。首先，简要介绍了本书的研究背景，由此确定研究目的以及研究范围，并对关键概念进行界定；其次，明确本书的研究意义及研究方法；最后，对主体安排进行阐述，从应用创新、视角创新及观点创新三个角度阐明可能的创新点。

第二章，理论基础与文献综述。围绕本书可能涉及的相关理论进行详细梳理，进一步阐述战略联盟、盈利模式、生态系统以及价值共创等相关理论的发展演化过程，明确本书的理论基础。此外，通过对文献的研究初步预设变量之间的关系，包括战略联盟与价值共创、盈利模式与价值共创、战略联盟与生态系统、盈利模式与生态系统、生态系统与价值共创及生态系统的中介作用。

第三章，研究假设与问卷设计。通过对文献的梳理形成本书的量表，并对问卷设计的原则、思路等进行说明。此外，阐明了数据收集和分析的方法。

第四章，实证分析。通过对回收问卷的情况进行统计分析，形成可以用于研究的数据集。通过描述性统计分析了解样本及变量的情况，并通过信度分析、效度分析、相关性分析、回归分析与假设检验等实证分析剖析平台企业战略联盟、盈利模式、生态系统及价值共创四者之间的关系。

第五章，案例分析。为进一步明确平台企业战略联盟、盈利模式、生态系统及价值共创四者之间的关系，本书选用了三个案例企业，从战略联盟、盈利模式、生态系统及价值共创四个方面对案例企业的现状进行了解，并利用案例企业的资料对第二章提出的假设进行验证和效果分析，并从变量层面、成果层面及潜力层面对三个案例企业进行比较。

第六章，结论与建议。在前文实证研究的基础上，总结相应的研究结论，并提出相关建议。

第七章，不足与展望。从调查研究、理论分析及变量选取三个方面对研究的不足进行总结，并从生态系统的中介作用、调查问卷和理论分析方面、变量选取和研究工具方面提出未来的研究展望。

第九节　研究创新点

与现有的研究相比，本书有几个可能的创新点，本节分别从应用创新、视角创新及观点创新三个方面进行说明。

一、应用创新——强调多主体参与

本书选用战略联盟、盈利模式作为自变量来探讨其对平台企业价值共创的影响。其中,战略联盟因素考虑到企业的联盟成员企业,囊括的主体包括供应商、合作企业等。价值共创更是多主体参与的具有代表性的企业活动。本书创新性地在自变量与因变量中均考虑了多主体参与,强调了多主体参与在企业发展中的作用。

二、视角创新——以生态系统为中介变量

任何企业的生存都离不开生态系统,但目前将生态系统作为中介变量来进行探讨的研究仍然比较少。本书创新性地以生态系统为中介变量,将其应用于平台企业价值共创的影响因素探讨中,丰富了相关理论研究的内涵。

三、观点创新——构建价值共创多因素影响模型

本书研究了战略联盟、盈利模式及生态系统等多因素对平台企业价值共创的影响,创新性地构建了价值共创中多因素影响模型,并分析了各因素与价值共创之间的作用机理。

第十节 结论

本章主要介绍研究背景、研究问题、研究目的、研究意义、研究范围和研究方法等。目前,国家十分支持平台经济的发展,出台了多项有利于平台经济发展的政策,支持平台经济持续健康发展。同时,在学术界,对于平台经济和平台企业的研究越发广泛,盈利模式研究不断深入,价值共

创研究不断完善。对此,本书致力于探究平台企业战略联盟、盈利模式与价值共创之间的影响机制。为明确本书的研究过程,本章明确了研究框架,明晰了"绪论—理论基础与文献综述—量表开发及问卷设计—实证分析—案例分析—结论与建议—不足与展望"的逻辑,构建了全书结构框架,为研究的顺利开展奠定了基础,并且阐述了在应用、视角、观点三个方面可能的创新点。

第二章

理论基础与文献综述

本章主要阐释本书涉及的理论基础及相关研究。理论基础包括管理科学理论、组织行为学理论、战略联盟理论以及价值共创理论。本书围绕战略联盟、盈利模式、生态系统以及价值共创展开，因此本章对战略联盟、盈利模式、生态系统以及价值共创的相关文献进行了梳理。

第一节 理论基础

本节介绍了研究涉及的理论基础，包括管理科学理论、组织行为学理论、战略联盟理论以及价值共创理论，并对这四个理论在本书中可能的应用之处做了简要说明。

一、管理科学理论

管理科学一直是学术界的热点话题之一，学者就管理科学的方法论、应用等提出了自己的见解。有关管理科学理论的观点如表 2-1 所示。

表 2-1 管理科学理论

学者	年份	观点/贡献
雍少宏	1999	从管理科学的角度提出，企业文化理论的研究成果从五个方面适应了企业发展的需要：企业发展战略管理的需求、企业参与全球竞争的需求、企业团队管理的需求、企业不断创新和提升产品品质的需求、企业在知识经济条件下知识管理的需求
马成樑、王国进	2004	指出管理科学研究方法的发展趋势有五点：①继续吸收现代科技的新进展；②科学管理和人文管理不断融合；③与哲学的结盟将更加深化；④注重跨文化分析；⑤与经济学方法进一步融合
黄速建、黄群慧	2005	探讨了企业管理科学化及其方法论问题，提出管理科学化方法论对应存在三个层次的内容：管理实践科学化的方法论、管理现象认识和问题研究科学化的方法论以及管理学科学化的方法论
刘世勇、郭开仲、孙东川	2010	探讨了管理科学中的一个创新性研究——错误理论，提出错误理论和错误逻辑对管理实践、决策过程以及管理系统建模的重要作用
吕力	2011	在管理学中，求真与致用在目的、推理方式和知识体系三个方面存在显著的区别，导致了管理科学理论与实践的脱节
余玉刚、郑圣明、李建平等	2022	围绕一定的学科发展目标，并基于专家研讨和问卷调研确定了管理科学与工程学科"十四五"期间重点前沿领域的顶层布局与具体内容

通过对管理科学理论文献的梳理，明确在企业管理实践中应注重考察的因素及可能应用的策略，从方法论层面宏观掌握平台企业的管理原理，为探讨平台企业的价值共创奠定一定的管理方法论基础。

二、组织行为学理论

企业的管理离不开人，因此组织行为学就成为学者研究企业管理的重要方向之一。有关组织行为学的理论如表 2-2 所示。

表 2-2　组织行为学理论

学者	年份	观点/贡献
王健、庄新田、姜硕	2013	通过建立数学模型，在传统委托代理理论的基础上，将组织承诺纳入企业员工激励机制进行研究
张志学、鞠冬、马力	2014	就中国组织行为学提出看法：研究问题在很大程度上追随国际潮流，但缺乏对本土重要问题的关注；研究方法过多地集中于定量的问卷调查法，缺乏对不同方法的应用；研究的分析层次过多地集中在个体层次上，而对多层次的组织和团队管理现象关注不足
胡上舟	2023	以海底捞为研究对象，认为员工与组织间的匹配是一个动态的交互过程，交互本质上就是设计这种信任，要把握两者的匹配度；人与组织之间如何把握匹配度的问题，是今后人力资源制度建设中不可忽视的一环
张磊、于洋航	2022	首先，介绍了主动担责行为的概念、特征与测量方法，并对相近概念进行了系统辨析；其次，从个体层面、领导层面和组织层面分析了主动担责行为的前因变量和结果变量；最后，从不同理论视角和研究层次讨论了主动担责行为形成前因和作用结果的中介过程和边界条件，构建了主动担责行为的整合模型

通过对组织行为学理论的文献进行梳理，明晰了企业中"人"的管理是怎样的，进而能够更全面地考察战略联盟、盈利模式及生态系统对平台企业价值共创的影响。

三、战略联盟理论

联盟成员企业的合作关乎企业的发展，战略联盟作为企业发展的重要影响因素之一，颇受学者的关注，相关观点如表2-3所示。

表2-3 战略联盟理论

学者	年份	观点/贡献
Harrigan K R	1988	建立战略联盟是现代企业获取竞争优势的重要战略
Eisenhardt K M 和 Schoonhoven C B	1996	通过构建战略联盟可以帮助企业节约资源和分担风险
樊友平、陈静宇	2000	基于可靠性战略联盟分析法的基本思想，学者分析了战略与结构的关系，构建起了和联盟伙伴选择有关的评价指标体系，其决策分析指标体系中包括投入指标、能力指标以及兼容性指标
袁磊	2001	通过分析传统的伙伴选择方法的缺陷，讨论了一个新的联盟伙伴选择思路，提出选择合适的联盟伙伴需要关注四个方面，包括战略定位、联盟能力、共同体以及合作伙伴
Martin J G	2002	构建战略联盟是企业应对外部环境中高不确定性和复杂性的有效方式，可以减轻风险并为企业发现新的商业机会
张延锋、刘益、李垣	2003	战略联盟的价值创造主要来源于三个途径：通过共享相关资源降低成本、知识学习与创新、获得市场力量，每个联盟的加入对于战略联盟来说必须有更大的价值增加，机会成本以及合作的成功概率决定了联盟成员的预期价值分配
Grant R M 和 Baden F C	2004	构建战略联盟能够促进企业进行协同创新和组织学习，并获得新能力
徐二明、徐凯	2012	战略联盟中的资源互补可以有效地提高联盟的财务绩效，并且有助于提高企业的创新水平，而机会主义对财务绩效的影响可能是负向的，机会主义对创新的影响同样可能是负向的
李瑞、李北伟、高岩	2023	以知识管理、协同学和利益相关者理论为基础，构建地方智库战略联盟的知识协同服务模式

通过对战略联盟理论文献的梳理，在对战略联盟有更深了解的同时，也为后文研究战略联盟对价值共创的影响奠定了一定的理论基础。

四、价值共创理论

价值共创是企业寻求自身发展的重要途径，诸多学者对价值共创理论进行了探讨。有关价值共创理论的观点如表 2-4 所示。

表 2-4　价值共创理论

学者	年份	观点 / 贡献
Ramirez R	1999	顾客也可以参与价值的生产，价值是企业与顾客共同生产的，进而提出价值共同生产（Value Co-production）的概念
Vargo S L 和 Lusch R F	2008	服务主导逻辑（Service-dominant Logic）包含了价值共创的思想。服务主导逻辑认为，与交换价值相比，价值更多地聚焦在使用价值上，企业只能提供价值主张，价值通常是由利益相关者独特的互动现象决定的，顾客通常是价值的共同创造者
周文辉、邓伟、陈凌子	2018	平台企业可以有效地促进价值共创，并实行动态演化
严三九	2019	在媒介融合生态下，从价值创新的角度考虑，针对媒体内在流程和逻辑方面的改造提出了一些技术赋能手段，价值共创和价值变现模式的创新主要使用一些经济赋能途径，与此同时，还要通过人性化赋能让媒体更安全、更道德
姜尚荣、乔晗、张思等	2020	提出价值共创领域有三类研究重点，包括价值共创理论研究、客户参与实践研究、外部环境与服务生态系统研究
裴学亮、邓辉梅	2020	电子商务平台直播电商在价值共创行为过程中需要满足以下条件：①主动地提出价值主张；②重点关注产品互动和媒介互动；③价值主张能显著地促进产品互动与人际互动
赵泉午、游倩如、杨茜等	2023	平台企业通过价值主张、价值承诺、价值促进和价值传递的形式，在整个价值共创活动中起支撑性作用

通过对价值共创理论文献的梳理，明晰了平台企业价值共创的内涵及部分影响因素，为后文对战略联盟、盈利模式、生态系统对平台企业价值共创的研究奠定了一定的理论基础。

第二节 战略联盟相关研究

为进一步了解战略联盟在企业发展中的作用及方便本书展开相关研究，本节从战略联盟内涵、战略联盟关系以及战略联盟模式三个方面对战略联盟的相关研究进行介绍。

一、战略联盟内涵

战略联盟是现代企业的重要实践，学者基于不同的时代背景对战略联盟的内涵不断地进行补充。关于战略联盟内涵的观点如表 2-5 所示。

表 2-5 战略联盟内涵

学者	年份	观点/贡献
吴松强、石岢然、郑垂勇	2008	提出了学习型战略联盟的概念，学习型战略联盟是指企业与其他主体通过股权参与或者契约联合的方式，开展有关方面的合作，从而形成的一种企业之间可以相互学习及创造知识，进而提升企业核心能力的模式
龙勇、赵艳玲	2011	企业战略联盟的效率边界就是利用其研究所建立的模型，确定的所有以战略联盟组织模式从事生产、经营活动的集合
李兵宽、乐国林	2013	在高等教育场域中，具有核心竞争力的两个以上的高等教育行动主体，通过相关制度安排建立合作关系，遵照大学战略联盟运行的共生规则形成的大学共同体，就是场域共生性大学战略联盟

续表

学者	年份	观点/贡献
邱晓燕	2017	探讨产业技术创新战略联盟，并给出定义，也就是为获得一定范围内最佳的秩序，联盟成员按照规定的程序一起协商，达成一致的意见，由相关的标准委员会制定并批准，给所在产业领域的产业技术创新活动提供一定的规则或者指南，得以在联盟的范围之内重复及共同使用的具有一定规范性的文件
左钰泉、肖德云	2018	从概念到维度，对双元战略联盟进行内涵分析
张继明	2023	"战略联盟"最早是一个经济学和管理学概念，是指由两个或两个以上的企业，通过建立契约而结成的优势互补、风险共担、生产要素水平双向或多向流动的一种松散的合作模式

二、战略联盟关系

战略联盟是企业与联盟成员企业相互合作、相互进步的重要组织，因此，探讨战略联盟中各企业之间的关系以及联盟与其他范畴之间的关系具有一定的必要性。关于战略联盟关系的观点如表2-6所示。

表2-6 战略联盟关系

学者	年份	观点/贡献
胡国栋、罗章保	2017	基于自组织视角，组建了本土网络组织的关系治理机制，对该机制下的各种运行规范做出了解释
刘智焕	2018	选择特定的案例企业，剖析了企业与供应商对操作层面、功能层面、战略层面三个层面联盟的实施及策略，通过联盟的建立最终达到降低供应商数量的目的，缩短交货周期，优化整个供应过程，从而使整个供应链更具竞争力
陆凯	2020	流通企业的战略联盟需要建立起有效的沟通制度，并且以信息通信技术为沟通方式，包括互联网、内联网管理使用、视频会议和网络会议，从而能使联盟合作中的工作问题得到及时反馈
姚博闻	2022	发现双元联盟和企业绩效之间存在正相关关系，表明双元联盟有助于提高创业企业绩效

三、战略联盟模式

探讨企业的战略联盟模式对促进企业发展具有一定的意义，目前学术界关于战略联盟模式的研究如表 2-7 所示。

表 2-7　战略联盟模式

学者	年份	观点/贡献
张莹	2006	通过探讨山西省煤炭企业战略联盟，指出其在治理模式中存在的问题，包括联盟伙伴的选择不恰当、治理模式与相应的影响因素不匹配、声誉资本和信任机制没有建立起来、联盟忽视实力非对称企业的合作、现有治理模式偏向选择股权联盟、联盟为政府推动型战略合作
丁见、李宝强	2011	充分考虑了企业投入的资源类型因素及联盟所面对的风险因素，分析了企业应该如何选择恰当的联盟组织结构
胡勇军	2011	对物流企业战略联盟模式进行了探讨，其中物流企业间战略联盟模式包括合资式战略联盟、契约式战略联盟、股权式战略联盟。物流企业与制造业企业的联盟需要考虑设施整合、信息共享、运营衔接、技术融合、装备共用以及人才互动六个方面
龙勇、赵艳玲	2011	基于交易成本经济学以及对治理机构进行分析，构建了企业战略联盟组织模式选择模型，以某企业为例，将相关数据代入模型，借助 Matlab 工具，得到该企业 TCn+1 的取值范围，在该范围内，企业将选择战略联盟组织模式
谭博、杨文婷	2013	分析了由阿里巴巴、中国平安和深圳腾讯科技三家公司成立的"众安在线"所开创的全新的企业网络战略联盟新模式
韩兰华、史贤华	2019	在大数据情境下，以企业分析能力以及大数据资源供给意愿的高低为基础，构建了联盟结构模式选择模型
陆玉梅、高鹏、朱宾欣	2019	运用博弈论研究了资金和知识投入对产业技术创新战略联盟合作研发模式的影响

第三节　盈利模式相关研究

本节从盈利模式要素、盈利模式转型以及盈利模式优化三个方面具体阐述学者关于盈利模式的研究。

一、盈利模式要素

探讨盈利模式要素是为企业提供能够促进自身发展的盈利模式的重要一步，目前学术界关于盈利模式要素的探讨如表 2-8 所示。

表 2-8　盈利模式要素

学者	年份	观点/贡献
邢尊明、孙民治	2007	通过对体育赛事推动实现现金流入的运营环节进行系统分析，提出了体育赛事的利润杠杆、利润源、利润点、利润屏障和关键利润人的概念，总结和设计了一般体育赛事的盈利模式
宋海燕、李光金	2012	从利益相关者的角度考虑，指出盈利模式的构成要素包括成本、税收、现金、获得商业信息的能力、维护与各主体之间关系的能力等
Robin Cooper	2013	盈利模式是一种组织体系构架，由信息流、产品服务、供应商以及利益相关者构成
程虹、陈川、李唐	2016	运用 2015 年"中国企业—员工匹配调查"（CEES）数据，将 2013—2014 年的企业按照全要素生产率的增速与地区 GDP 增长率的高低分为"速度型盈利模式"企业和"质量型盈利模式"企业
黄昌瑞、陈元欣、何凤仙等	2017	收入来源与支出去向是美国大型体育场馆盈利模式的基本构成要素
Hong Zhang 等	2018	从会计利润角度进行解释，提出盈利模式就是一种手段，这种手段不断推动公司通过业务活动获得利润，而公司的任何回报都必须以某些支出为基础
汤谷良	2021	提出从估值模型中筛选出盈利模式并选择出关键要素

二、盈利模式转型

制定适合自身发展的盈利模式是企业顺利发展的关键，目前学术界关于盈利模式转型的研究如表 2-9 所示。

表 2-9　盈利模式转型

学者	年份	观点／贡献
张银仓	2009	国际金融业的过度创新引发的席卷全球的金融危机不能成为反对我国金融创新的理由，推进我国金融业综合化经营，实现我国商业银行盈利模式转型，是规避金融风险的有效手段，也是提升我国金融业核心竞争力的战略措施
乔桂明、吴刘杰	2013	基于对外部金融环境的分析，提出对于我国商业银行来说，有一定的必要开展盈利模式转型，同时盈利模式转型也具有一定的紧迫性；基于政策因素及商业银行自身的经营管理因素，学者表示对于我国商业银行来说，其盈利模式转型具备一定的基础条件，且逐渐成熟的环境也有利于商业银行的发展
李勇	2016	通过研究商业银行，对商业银行的盈利提出了相关见解，即传统盈利结构逐渐不再适合商业银行，商业银行应该尽快做出改变，调整结构，加强国际化经营和综合化经营，使境外机构和综合化经营子公司的价值贡献不断提升，进而打造可持续盈利增长的新格局
杨新铭	2017	探讨了在数字经济下，传统经济深度转型的经济学逻辑，从微观上看，数字经济融合了"规模经济"和"范围经济"，颠覆了传统企业的盈利模式
汤谷良	2021	指出企业转型的方向应从追逐会计利润最大化转到追求自由现金流为正，从规模发展转到价值创造
王庚、庄尚文、孙治宇	2021	在把握零售业既有盈利模式核心要素的基础上，建立了一个"生产商—零售商—消费者"的渠道博弈模型

三、盈利模式优化

不断优化盈利模式是保证企业在市场中具有竞争优势的关键，目前学术界关于盈利模式优化的研究如表 2-10 所示。

表 2-10　盈利模式优化

学者	年份	观点/贡献
马春华	2012	研究了中小企业盈利模式的优化路径，根据实际需要，建立相关模型，为中小企业盈利模式的优化路径分析提供了一定的定量工具
王国顺、黄金	2012	提出零售企业的盈利模式主要有"商品毛利"模式、"后台毛利"模式、"资本经营"模式三种，但这三种盈利模式具有一定的局限性，零售企业必须通过优化价值链来寻找新的利润增长点
林朝阳	2018	针对社交电子商务平台盈利模式给出优化建议：①转变盈利模式；②加强与社交企业的合作以实现平台导流；③保留企业特色
芦勇、李允、杨晶	2019	提出了电子商务企业盈利模式的优化路径：①合理控制电子商务企业成本；②提高电子商务企业经营管理水平；③控制电子商务企业风险；④合理经营，避免冲突
姜雪松、徐鑫、徐妍等	2022	以短视频自媒体为研究对象，分析其主要盈利模式，指出其盈利模式的发展瓶颈，从流量配置、用户消费习惯、版权保护和精准营销四个方面探索短视频自媒体盈利模式的优化对策

第四节　生态系统相关研究

本节从生态系统内涵、生态系统构建以及生态系统优化三个方面阐述有关生态系统的研究。

一、生态系统内涵

本节详细梳理了目前学术界关于生态系统内涵的相关观点，如表 2-11 所示。

表 2-11　生态系统内涵

学者	年份	观点/贡献
欧志明、张建华	2002	生态系统是一种典型的领导型网络组织
Moore	2006	生态系统是一种彼此业务重叠/交叉、基于共同命运的经济共同体，是由供应商、零售商、客户等利益相关者构成的动态结构系统
Kim 等	2010	生态系统是一个经济共同体，由众多具有共生关系的企业构成，以获取相对优势为目的
Zahra 和 Nambisan	2012	基于商业战略视角进行阐述，认为生态系统是一种在长期战略思维指导下、在创业和创新驱动下的长久、进化型网络组织。它包含个人以及通过彼此协作来提供客户需要的商品、技术和服务的组织群体。该系统一般需要一个核心参与者来组织，激励其他参与者相互协作、共同演化，进行目标和行为匹配等

二、生态系统构建

从构建的视角思考生态系统所能给企业带来的好处，以及如何更好地利用生态系统使企业能够制定出更有利于自身发展的策略。目前学术界关于生态系统构建的观点如表 2-12 所示。

表 2-12　生态系统构建

学者	年份	观点/贡献
孙冰、周大铭	2011	通过分析已有的企业技术创新生态系统结构模型的不足，提出了基于核心企业视角的企业技术创新生态系统结构模型

续表

学者	年份	观点/贡献
刘刚、熊立峰	2013	在推动我国从制造大国向制造强国跨越的过程中，我国企业应改变单纯依赖生产制造的发展策略，关注、发现甚至创造消费者需求
钱贵明、阳镇、陈劲	2023	平台生态系统在初始业务领域占据垄断地位后，推动用户和数据优势与其他业务领域相融合，能够较为容易地在其他领域实现垄断，从而逐步在生态系统内部的所有领域均实现垄断，最终达到生态垄断的状态
韩少杰、苏敬勤	2023	提出可以从资源拼凑视角思考数字化转型企业开放式创新生态系统的构建
杨秀丽、邵易珊、张晓萍等	2023	从中医药产业链、中医药服务链、中医药技术链、中医药应用链探讨中医药产业创新生态系统的构建

三、生态系统优化

目前学术界有关生态系统优化的观点如表2-13所示。

表2-13　生态系统优化

学者	年份	观点/贡献
魏火艳	2006	提出企业生态系统优化的策略包括：①实施"大环境"战略，与外界环境和谐共处；②树立"大企业"观念，与其他组织共生；③技术创新；④构建模块化企业网络，培育和发展核心竞争力
郭燕青、刘丹、衣东丰	2015	基于对山东中小企业的研究，分析中小企业的创新活动，明晰中小企业的现状以及困境，从增强创新能量的内部转化效果等角度提出山东中小企业优化创新生态系统的对策建议
张利平	2016	提出商业生态模式下企业商业行为的优化在于以下三个方面：①从独立运行向整体运行转变；②从产品提供模式向服务提供模式转变；③降低资源的耗费，提高资源的利用效率

续表

学者	年份	观点/贡献
颜靖艺、张捷	2022	针对高新区企业创新生态系统进行研究，提出：①政府应通过"揭榜挂帅"举措帮助科技企业和高校、科研院所之间对接创新需求与供给；通过构建"城市大脑"实现区域创新资源的数字化高效整合；通过鼓励高校、科研院所的研究与课题向服务地方产业发展，以促进区域非正式技术交流文化圈的形成。②高新区应与外地优秀科技园区加强学习交流，并通过战略联盟的形式实现与其他园区的人才、技术、资金和孵化经验共享。③企业应根据不同的合作伙伴构建合理的进入与退出本企业创新生态系统机制，及时识别关键的合作伙伴，联合其动态预测市场需求的变化并及时做出战略调整

第五节　价值共创相关研究

本节从价值共创模式、价值共创路径以及价值共创体系三个角度具体阐述价值共创的相关研究。

一、价值共创模式

不同的行业和企业有其自身相适应的价值共创模式，目前学术界关于价值共创模式的观点如表2-14所示。

表2-14　价值共创模式

学者	年份	观点/贡献
赵龙文、洪逸飞、莫进朝	2022	基于"互动"和"重构"两个维度提出了九种政府开放数据价值共创模式，通过政府开放数据平台和支付宝交通出行服务平台可以对该模式进行进一步的解释、分析及说明

续表

学者	年份	观点/贡献
杨学成、刘雯雯	2022	研究发现，AI技术的应用使企业突破了"价值识别—价值创造—价值实现"的传统范式，企业价值共创各环节活动呈现"交互—反馈—增强"的非线性价值共创模式
段淳林、邹嘉桓、魏方	2022	基于服务型制造范畴下的工业互联网平台探讨价值共创过程中相关行动者的交互方式，构建了基于数字贸易产业联盟链（DTC）的品牌价值共创机制
张光宇、黄家慧、曹阳春	2023	在起步阶段、扩散阶段和颠覆阶段，后发企业颠覆性创新的价值共创有不同的价值共创主体参与，形成了不同的路径与模式；在不同阶段，后发企业的价值共创过程将依次经历交易型模式、合作型模式和关系型模式，不同模式的差异体现在价值主张、价值形成和价值扩散三个模块
孙静林、穆荣平、张超	2023	创新生态系统价值共创是价值创造核心主体、价值创造服务主体和价值创造推动主体等具有共生关系的价值创造共同体在某一主体协调下，围绕共同价值主张，为实现主体间互惠共赢而形成的复杂适应行为；构建创新生态系统"交换—关系"价值共创行为模式分析框架，挖掘"契约型""关系型""经济互惠型"和"社会协商型"四类价值共创行为模式；指出"开发—保护—释放—重组"的适应性循环和"互惠、协商、公平、信任"的交换规则是创新生态系统实现可持续价值共创的动力机制及重要保障

二、价值共创路径

如何实现价值共创是企业进行价值创造所要思考的关键问题之一，目前学术界关于价值共创路径的研究如表 2-15 所示。

表 2-15 价值共创路径

学者	年份	观点/贡献
赵观兵、刘宇涵	2022	众创空间价值共创实现路径体现为第三方服务支持主体主导型、以众创空间服务为主的技术支持型和全要素集聚型三种路径，其中全要素集聚型是最优实现路径
赵艳、孙芳	2022	通过扎根理论研究方法，提出企业全面 ESG 管理是实现利益相关者价值共创的最优路径
孟炯、王潇、杜明月	2022	大数据赋能的 C2B 个性化定制价值共创包括价值形成、价值传递、价值实现三个阶段
冯媛	2022	基于价值共创理论视角，分析了科学数据开放共享的价值流和多元主体互动关系，提出了价值共创模型
龚文龙、曹晶晶	2023	针对直播电商产业价值共创中的"价值共识—价值实现—价值测度"三个维度，以直播电商平台为研究对象，引入价值共创理论，构建直播电商产业价值共创机制模型，开展直播电商行为实证检验。结果表明：直播电商产业价值共识的提出对价值实现具有显著的正向影响，且价值共识维度的功能共识和对价值实现维度的产品互动具有显著的正向影响，价值共识维度的情感共识和象征共识对价值实现维度的社交互动具有显著的正向影响；直播电商产业的价值实现过程对直播电商绩效具有显著的正向影响，且价值实现维度的产品互动、人机互动和社交互动对直播电商绩效具有显著的正向影响
武晓丽	2023	价值共创机制下的出版产业呈现以下趋势：用户成为企业核心竞争力的重要指标，从内容生产的角度来看，专业生产与非专业生产的界限正在消解；从用户参与的角度来看，用户的进入门槛越来越低，卷入度越来越高；从企业与用户关系的角度来看，二者的合作建立在双方价值认同的基础上，企业关注点转向对用户的价值认同
赵新峰、高凡	2023	基于公共价值理论与共同体理论的契合性，可构建区域共同体公共价值共创分析框架，从公共价值识别、合法性与支持以及运作能力三个维度探讨区域共同体公共价值的生成机制。因循这一分析框架和运行机制可以提炼出区域共同体的建构方略：共同体内部各类主体通过规范性嵌入达成价值共识，通过关系性嵌入获得合法性与支持，通过结构性嵌入提升运作能力，最终融入共同体的公共价值共创机制，实现公共价值的协同共创

三、价值共创体系

恰当的价值共创体系会对企业发展起到良好的促进作用，目前学术界关于价值共创体系的相关研究如表 2-16 所示。

表 2-16　价值共创体系

学者	年份	观点／贡献
李冬辉	2020	分析了价值共创的三个影响因素，即信任感知、信息感知和知识共享，结合区块链技术建成体系，进而促进价值共创体系快速发展
刘晓丽、王志勇	2020	以平台赋能能力与消费者价值创造能力的差异为划分依据，可以将 C2M 电商平台价值共创体系分为非均衡型、双边市场型和生态社区型三种类型
张公一、郭鑫	2022	从数据支撑层、技术层和服务应用层三个层面设计价值共创视角下企业信息服务体系架构
郭永辉、夏冬秋	2022	构建了包括价值共创主体、客体、活动和环境四个要素的军民科技信息共享的价值共创体系
金威、郭生萍、俞建强等	2023	从服务生态系统理论出发，构建了 PPP+EPC 模式下的重大工程价值共创体系

第六节　研究评述

价值共创是平台企业的核心内容。平台企业要营造有利于战略联盟价值共创的合作场景，借助盈利模式创新等手段增进联盟成员的资源共享与交互学习，以此提升战略联盟的价值共创效率。同时，平台企业更须重视生态系统的积极作用，建立联盟成员间的相互信任与共同愿景，从而在稳固的联盟关系中释放创新潜能。

一、战略联盟与盈利模式的关系

战略联盟是平台企业进行价值共创的组织形式，具有外部性特征；盈利模式是平台企业进行价值共创的资金纽带，是平台企业价值的体现，具有内部性特征。二者都是平台企业价值共创的基础。

二、战略联盟对价值共创的影响

战略联盟的两类治理机制（契约治理与关系治理）均有助于促进平台企业实现价值共创，而且关系治理的作用大于契约治理。联盟成员之间较高的关系治理水平可促进联盟成员进行价值共创，并实现平台企业突破性创新绩效的不断提升。

三、盈利模式对价值共创的影响

盈利模式主要由利润点、利润对象、利润来源、利润杠杆和利润屏障等要素构成，是降本增能、业务增长等阶段的主要内容。平台企业和用户通过交换服务谋求利益，双方在互动中不断进行价值交换。

四、生态系统对价值共创的影响

企业通过生态系统结构化，形成整合式价值创造模式；通过生态系统的能力化，塑造共享式价值共创模式；通过生态系统的杠杆化，形成赋能式价值共创模式。

五、战略联盟对生态系统的影响

商业生态系统大多是围绕一家或多家核心企业形成的，因各成员的追求不同，为应对交易成本和外界条件风险而建立起紧密、复杂的交互关系，从而形成富有稳定性和适用性的商业组织架构。

六、盈利模式对生态系统的影响

盈利模式实现了营业收入结构的多元化，助推了营业收入的稳步增长，保障了稳定的毛利率水平，拥有良好的企业成长性，从而促进生态系统高质量发展。

七、生态系统的中介作用

企业是生态系统中价值创造的分布点，通过点与点间的连接和交织，实现资源交互，达到价值共创的目的。生态系统网络在战略联盟、盈利模式与价值共创间发挥中介桥梁作用，其信息共享的中介效应最强烈。

第七节 结论

为便于后文展开平台企业战略联盟、盈利模式对价值共创的影响研究，本章针对所涉及的理论基础以及相关研究进行了梳理和阐述，并对战略联盟、盈利模式、生态系统以及价值共创之间的关系做出初步假设。

本章主要从管理科学理论、组织行为学理论、战略联盟理论、价值共创理论几个方面来阐述本书的理论基础。由于本书主要涉及战略联盟、盈利模式、生态系统以及价值共创四个方面，因此对文献的梳理也主要从这几方面进行。其中，对战略联盟的阐述主要从内涵、关系及模式三个方面进行，战略联盟隶属于经济学与管理学两大学科领域，学者针对战略联盟开展了多方面的研究，如战略联盟与供应链、企业绩效之间的关系等。不同类型的企业针对战略联盟设计了相适应的模式。对盈利模式的阐述，主要从盈利模式要素、盈利模式转型以及盈利模式优化三个方面进行，学者对盈利模式要素的看法略有差异，主要是由企业类型以及分析角度的不同造成的。针对盈利模式的转型和升级，学者基于具体案例具体分析的原则提出了各自的观点。对生态系统相关研究的阐述，主要从内涵、构建以及优化三个方面入手，企业发展离不开生态系统，学者基于不同视角来探讨生态系统的构建及优化。对价值共创相关研究的阐述，主要从模式、路径以及体系三个方面进行，价值共创的模式及路径的选择取决于企业所处的行业及企业在价值共创中所扮演的角色，价值共创体系基于企业的具体情况而构建。

第三章

研究假设与问卷设计

本章通过对文献的深度梳理，提出本书的研究假设及作用机理，在此基础上，开发研究量表，并对问卷设计的原则及思路进行了说明，明确了问卷的各个题项，为问卷的发放及问卷数据的分析奠定了基础。

第一节 研究假设与作用机理

为了便于研究，本节通过梳理前人的观点，对平台企业战略联盟、盈利模式、生态系统及价值共创之间的关系做出预设。

一、战略联盟与价值共创的关系探讨

关于战略联盟与价值共创的关系，张华和顾新（2022）从契约治理和关系治理两个角度研究战略联盟，从联合计划、联合求解和合作柔性三个角度研究价值共创。分析得出战略联盟的两类治理机制均有助于促进企业突破性创新；价值共创的三个维度在战略联盟治理与企业突破性创新之间具有部分中介效应，其影响程度为：联合求解最强，合作柔性次之，联合计划最弱；联盟成员知识耦合不仅正向调节价值共创与企业突破性创新的关系，而且会增强价值共创的中介效应。该研究将价值共创置于中介位置，但也说明战略联盟与价值共创之间的关系紧密。李力等（2015）对开放创新联盟进行了研究，并对该种类型的联盟进行了定义，通过实证得出结果：在中国市场经验下，开放创新联盟的IT价值共创具有一定的经济价值和战略价值。这表明了联盟内价值共创的重要性，也体现了战略联盟对价值共创的重要性。同样地，战略联盟与价值共创的关系也可以通过生态旅游业得到类似推理。张艳楠等（2022）通过对生态脆弱区的旅游开发进行研究，提出社区居民和旅游企业可以形成开发联盟，进而促使价值共创演化路径进入生态旅游开发成熟阶段。还有实际案例表明，战略联盟有利于价值共创的实现。黄宏斌等（2022）以中铁建集团为研究对象，发现中铁建集团通过契约联盟协同攻克技术难关，并采取一系列行动，最终实现集团价值共创、合作共赢。赵泉午（2022）基于猪八戒网的案例进行研究，提出"双创"载体通过依托互联网平台构建相应的孵化联盟，互联网平台与专业服务机构展开战略合作，实现跨平台价值共创。

因此，本书将战略联盟划分为契约治理和关系治理两个维度，并提出以下研究假设：

H1：战略联盟对价值共创具有显著的正向影响。

H1a：契约治理对价值共创具有显著的正向影响。

H1b：关系治理对价值共创具有显著的正向影响。

二、盈利模式与价值共创的关系探讨

盈利模式是企业的核心目标之一，学者在进行研究时往往将盈利模式等同于商业模式。张新民和陈德球（2020）以瑞幸咖啡为案例企业，研究移动互联网时代企业商业模式、价值共创与治理风险。研究发现，瑞幸在经营过程中，忽略了企业在产品市场核心竞争力的构建，难以在企业价值链上构建协同创新与价值共创机制。这表明，盈利模式中的弊端会使企业的价值共创受到一定的不利影响。王玖河和孙丹阳（2018）认为，对于短视频平台来说，可以以价值共创思想为指导，与顾客及模块提供者共建更具生命力的短视频平台商业生态，即价值共创可以统筹企业的发展，同时，盈利模式也会受到一定的影响。高婷和湛军（2017）通过对乐视、优酷等案例企业的分析得出，企业可以通过增强用户黏性、创新盈利模式、降低运营成本等方式来促进企业的价值共创。彭本红等（2016）在充分了解相关产业的发展趋势，并研究了商业生态模式理论后，结合价值共创理论对商业生态模式进行总结，所得到的结论为企业实现价值共创提供了一定的参考。这更表明了盈利模式的选择与升级有利于企业的价值共创。孙楚和曾剑秋（2019）认为，在共享经济越来越发达的时代，商业模式创新的路径可以是价值主张、价值创造、价值传递以及价值获取，其核心逻辑是通过行业内外的影响因素来驱动价值共创逻辑环运行，促进价值共创型商业模式创新，进而实现平台生态圈价值共创。

因此，本书将盈利模式划分为降本增能和业务增长两个维度，并提出以下假设：

H2：盈利模式对价值共创具有显著的正向影响。

H2a：降本增能对价值共创具有显著的正向影响。

H2b：业务增长对价值共创具有显著的正向影响。

三、战略联盟与生态系统的关系探讨

企业的发展离不开生态系统，同样地，企业与联盟成员企业之间的发展也在一定程度上依赖着生态系统。李恒毅和宋娟（2014）以"有色金属钨及硬质合金技术创新战略联盟"和"半导体照明产业技术创新战略联盟"两个技术创新战略联盟为研究对象，发现在构建生态系统的过程中，系统资源、网络资源以及组织资源三者之间相互作用、共同演化。战略联盟是企业间各种关系的总和，这些关系在很大程度上影响了企业的战略决策和经营行为。企业的生存与发展离不开周围的环境，龙怒（2006）通过运用生态学的相关知识，从一个新的视角分析企业间的关系，希望使企业间的关系更加清晰和明确，以便人们更好地认识企业战略联盟这种新型组织，并对联盟内部企业间的关系进行有效治理。契约型战略联盟生态系统的构建和稳定性是学者研究的重点，并通过研究得出了相关结论。首先，指出了构建契约型战略联盟生态系统应包含的主体、结构以及环境。其次，指出了成立契约型战略联盟的目的与扩展生态位有关，联盟具有一定的不稳定性，主要原因在于扩展生态位的争夺及其对核心维度生态位的保护。此外，青雪梅（2017）提出契约型的战略联盟隶属于企业生态系统，是企业生态系统的一个子系统。基于演化博弈理论，蒋惠凤和刘益平（2022）结合收益矩阵和复制动态方程研究了金融战略联盟内的竞合关系以及影响竞合关系的因素。结果表明，非合作策略占据主导地位。只有当双方的超额利润均大于投机收益时，金融机构与互联网平台才会趋于稳定合作。同时，良好的宏观经济环境、更多的合作超额收益以及更高的信息成本将增加合作的可能性，合作搜寻成本会降低合作的可能性，并且存在超额收益分配的最优系数。唐小我等（1999）认为，企业在发展过程中形成了企业生态系统，这是为了更好地实现企业竞争与合作的目标，战略联盟也是因此导致的企业竞争的重要特征和手段。

因此，本书提出如下研究假设：

H3：战略联盟对生态系统具有显著的正向影响。

H3a：契约治理对生态系统具有显著的正向影响。

H3b：关系治理对生态系统具有显著的正向影响。

四、盈利模式与生态系统的关系探讨

通过研究 Facebook 的商业生态系统，何玉婷等（2019）提出 Facebook 的发展需要提升生态系统协同性，并从提升基础业务收入质量和创新业务变现能力两个方面完善盈利模式。刘抗英（2020）通过对食用菌营销企业进行研究，明晰了食用菌营销企业的商业生态系统的构成及盈利模式设计需要注意的问题，如价值网络设计的成本结构与收入模式等。张利飞（2013）在对微软等企业进行案例研究时发现，创新生态系统平台领导战略包括基于合作盈利模式的选择等。张新香（2015）运用案例分析方法，结合扎根理论，以 20 家中外软件企业样本案例资料为基础研究发现，产业链重定位和网络生态系统构建可作为商业模式营运创新的主体内容。李剑玲和王卓（2016）认为，随着经济全球化及社会网络化的迅速发展，企业间的竞争会逐步演化为生态系统的竞争，所谓的商业模式竞争最终会表现为生态系统的竞争。

因此，本书提出以下研究假设：

H4：盈利模式对生态系统具有显著的正向影响。

H4a：降本增能对生态系统具有显著的正向影响。

H4b：业务增长对生态系统具有显著的正向影响。

五、生态系统与价值共创的关系探讨

探讨生态系统与价值共创之间的关系对探讨企业发展具有重要的意义。胡海波和卢海涛（2018）在对仁和集团的案例研究中基于数字化赋能视角，发现生态系统与价值共创之间具有一定的关系。首先，在数字化赋能视角下，企业商业生态系统各主体在价值共创的演化中具有促进作用；其次，数字化赋能有可能对商业生态系统的演化有促进作用，这对共创价值的转变会有一定的影响。戴亦舒等（2018）认为，创新生态系统中各主体通过满足整体目标，实现价值共创。王发明和朱美娟（2019）认为，创新生态系统价值共创行为演化的结果能否向全面协调方向发展，由价值共创超额收益分配比例等一系列因素决定。孙新波和孙浩博（2022）通过案例研究的方式，探索出了资源行动与动态能力存在的协同演化关系：资产编排补充了资源协奏对资源的感知过程，动态能力填补了资源协奏对环境的感知过程，三种视角嵌套耦合共同完成了商业生态系统"资源—能力—价值"的动态创造过程。郭建峰等（2022）通过 fsQCA 的多组态分析发现，数字赋能企业的商业生态系统跃迁升级所经历的阶段包括价值共创和商业群落生成。

因此，本书将生态系统划分为信息共享和动态能力两个维度，并提出以下假设：

H5：生态系统对价值共创具有显著的正向影响。

H5a：信息共享对价值共创具有显著的正向影响。

H5b：动态能力对价值共创具有显著的正向影响。

六、生态系统的中介作用探讨

生态系统作为企业发展的重要环境条件，研究其作用具有一定的意义。刘林舟等（2012）发现，战略联盟是否有较好的运作效率由其本身的稳定性决定，所以可以将联盟视作一个共生的生态系统。最终得出，联盟要有稳定的发展，各联盟成员需要处于互惠共生的状态。在生态位理论的指导下，武玉英和田萌（2008）就企业战略联盟的形成原因和战略联盟企业之间所具有的协同共生关系进行研究，结果表明战略联盟企业在商业生态系统中可以实现互惠共生、协同发展。此外，钟耕深和崔祯珍（2008）提出，商业生态系统理论能够超越供应链和战略联盟管理，这为企业制定竞争战略和发展战略提供了新的思路。

商业生态下的商业模式创新是一个动态系统过程，其内在机理为企业内外部环境和资源能力等因素融为一体（李剑玲、王卓，2016）。王琴（2011）从更广义的价值生态系统角度分析网络价值交换逻辑和企业价值的实现机理，基于网络重构的角度，分析了五种不同的商业模式创新路径，提出企业只有重构价值网络、拓展新的收入来源才能实现盈利并保证商业模式的稳定性。

因此，本书提出以下研究假设。

H6：生态系统在战略联盟与价值共创之间起到中介作用。

H7：生态系统在盈利模式与价值共创之间起到中介作用。

第二节　研究框架与假设总结

为便于研究，本节针对平台企业战略联盟、盈利模式、生态系统、价值共创及其维度绘制了研究框架，并对研究假设进行总结。

一、研究框架

结合文献资料以及相关分析，笔者搭建了本书的研究框架，以战略联盟、盈利模式为自变量，以生态系统为中介变量，以价值共创为因变量，将变量整合为"战略联盟、盈利模式—生态系统—价值共创"的研究框架，如图 3-1 所示。

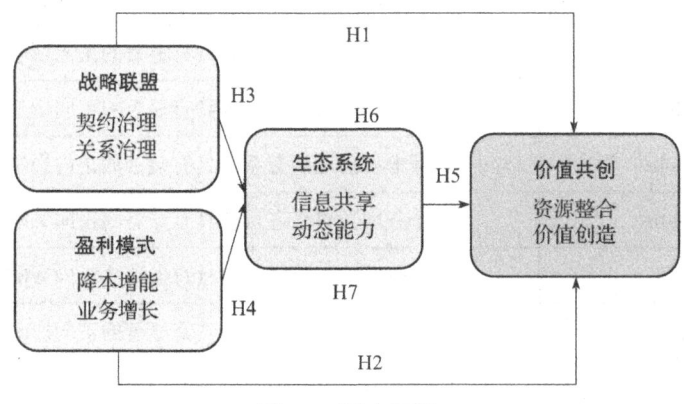

图 3-1 研究框架

二、假设总结

按照"战略联盟、盈利模式—生态系统—价值共创"的研究框架，分析各变量之间的作用机制，并据此提出研究假设。本书的研究假设包括 H1 至 H7 为主体基础假设，H1 至 H5 各两项分支假设，共 17 项研究假设，如表 3-1 所示。

表 3-1 研究假设

假设编号	假设
H1	战略联盟对价值共创具有显著的正向影响
H1a	契约治理对价值共创具有显著的正向影响
H1b	关系治理对价值共创具有显著的正向影响
H2	盈利模式对价值共创具有显著的正向影响
H2a	降本增能对价值共创具有显著的正向影响
H2b	业务增长对价值共创具有显著的正向影响
H3	战略联盟对生态系统具有显著的正向影响

续表

假设编号	假设
H3a	契约治理对生态系统具有显著的正向影响
H3b	关系治理对生态系统具有显著的正向影响
H4	盈利模式对生态系统具有显著的正向影响
H4a	降本增能对生态系统具有显著的正向影响
H4b	业务增长对生态系统具有显著的正向影响
H5	生态系统对价值共创具有显著的正向影响
H5a	信息共享对价值共创具有显著的正向影响
H5b	动态能力对价值共创具有显著的正向影响
H6	生态系统在战略联盟与价值共创之间起到中介作用
H7	生态系统在盈利模式与价值共创之间起到中介作用

第三节 问卷设计与测度变量

为探究平台企业战略联盟、盈利模式、生态系统和价值共创四者之间的关系，本书设计了相关问卷，并发放问卷以获得相关数据。本节对问卷以及变量的情况进行详细说明。

一、问卷设计

为获得实证分析所使用的数据，本书决定采用问卷调查的方式收集数据。本节专门针对数据获取以及量表的设计与开发进行详细说明，为之后的研究奠定基础。

问卷调查以问题形式呈现在相关群体面前，用于调查特定的社会现象。载体的不同使问卷调查被分为纸质问卷和网络问卷。研究者可以根据需求的不同来选择问卷调查的形式。

为了保证数据的信度和效度，本书首先通过文献阅读，设计初步的问卷样本，然后结合研究对象和研究课题的特征，对相关文献中的问卷和量表进行适当微调，设计出研究变量的测量维度及相关题项。在完成对变量测量维度及相关题项的设计后，与专家学者进行沟通，进一步修改问卷，以确保题项具有较高的信度和效度。

在设计问卷的过程中，笔者查阅了大量关于战略联盟、盈利模式、生态系统以及价值共创四个变量的研究资料，并在后续不断完善问卷。在此基础上，对企业的中高层管理者进行问卷调查。

除了企业的基本信息，问卷中大多数题项采用李克特级量表进行测度，针对 Fowler 指出的造成数据结构出现偏差的四大原因，采取了以下几个方法：

第一，由于问卷的内容涉及部分企业比较敏感的问题，答卷人不愿明确答复。针对此类情况，笔者会充分告知答卷人关于资料处理过程中的保密措施与用途等，并以参与研究同意书作为双方在合作中共同遵守的约定。

第二，将答卷人限制在企业中的高层岗位，规定为对企业有较为全面了解的管理人员，有效避免了因不了解企业相关信息而做出主观回答所产生的偏差。

第三，所收集的信息和数据尽量来自最近三年，避免了由于答卷人记忆偏差而导致的信息失真。

第四，为避免问题可能产生歧义而导致答卷人答非所问产生的偏差，在预测试过程中尽量将问题进行调整并进行备注说明，以最大限度地减少歧义。

第五，为避免同源误差，将问卷分为相互独立的三个部分（见附录）：企业基本情况、战略联盟（自变量）、盈利模式（自变量）、生态系统（中介变量）、价值共创（因变量）。第一和第二部分由企业中具体负责各项业务的部门经理填写，第三部分由企业财务主管填写，从而降低当同一个人填写问卷时由于个人倾向和偏差导致的同源误差。

二、测度变量

为了将研究变量进行量化，并且克服数据获取的困难，本书对战略联盟、盈利模式、生态系统以及价值共创进行量表开发，通过问卷调查的方法获取相关数据，并进行实证分析。问卷测试使用了李克特5级测试量表，该数据测量由一个叙述构成，每个叙述都有"非常不赞同""比较不赞同""一般""比较赞同""非常赞同"五个答案，分别记1分、2分、3分、4分、5分，每个被调查者的态度分数也就是其对各题回答所得分值的加总。

（一）被解释变量

价值共创机制是平台经济的核心，通过连接供需双方、提高交易效率和降低交易成本，实现双方的价值共创。平台企业与供应商、用户之间的价值共创关系，不仅能够为双方带来收益，还可以增强平台的用户黏性和品牌影响力。

本书采用李克特5级量表的形式，即针对价值共创的问题描述从1到5进行评分，其中，1分代表非常不赞同、2分代表比较不赞同、3分代表一般、4分代表比较赞同、5分代表非常赞同。价值共创的具体测量题项如表3-2所示。

表 3-2　价值共创题项及来源

变量	维度	编号	测量题项	参考来源
价值共创（JZGC）	资源整合（RA）	RA1	企业能够利用已有资源创造较好的效益	蔡莉、尹苗苗（2009）；Van Gils A，Zwart P（2004）
		RA2	企业能够保证基础性资源不发生显著变化	
		RA3	企业能够创造性地整合新的资源与现有资源	
		RA4	企业能够增加其资源数量	
		RA5	企业用有创意的新方法对资源进行组合	
	价值创造（VC）	VC1	企业现有技术有根本性改进	
		VC2	企业在市场中的知名度有明显提高	
		VC3	企业在行业中的地位有显著提升	
		VC4	企业的利润明显增加	

（二）解释变量

战略联盟是平台企业扩大业务范围、提高竞争力的重要方式，通过与其他企业的合作，可以实现资源共享、优势互补，从而实现业务拓展和利润最大化。同时，战略联盟还可以为平台企业带来新的技术、新的服务、新的用户等。

平台通过建立交易模式、广告模式等盈利模式来获取收益。平台企业的盈利模式也会影响与供应商、用户之间的交互模式和服务水平，从而影响生态系统的运作和稳定性。

本书采用李克特 5 级量表的形式，即针对战略联盟和盈利模式的问题描述从 1 分到 5 分进行评分，其中，1 分代表非常不赞同、2 分代表比较不赞同、3 分代表一般、4 分代表比较赞同、5 分代表非常赞同。战略联盟和盈利模式的具体测量题项如表 3-3 所示。

表 3-3　战略联盟和盈利模式题项及来源

变量	维度	编号	测量题项	参考来源
战略联盟（ZLLM）	契约治理（CG）	CG1	企业与联盟成员有合理的契约条款	薛卫、雷家骕、易难（2010）；叶笛、顾蒶譞（2022）
		CG2	契约条款能够约束联盟成员企业	
		CG3	联盟企业之间有一致且合理的利润分配规定	
		CG4	企业具有解决合作冲突的原则和机制	
	关系治理（RG）	RG1	企业与联盟成员能够进行有效及时的信息交流	
		RG2	企业与联盟成员的合作开展顺利	
		RG3	企业在合作中能够及时通报相关信息	
		RG4	企业在联盟中具有较高的话语权	
		RG5	企业以积极合作的态度解决合作冲突和争论	
盈利模式（YLMS）	降本增能（RI）	RI1	企业与联盟成员能够进行有效、及时的信息交流	
		RI2	企业与联盟成员的合作开展顺利	
		RI3	企业在合作中能够及时通报相关信息	
		RI4	企业在联盟中具有较高的话语权	
	业务增长（BG）	BG1	企业具有较好的用户黏性	
		BG2	企业的消费者范围广泛	
		BG3	企业的产品具有较好的口碑	
		BG4	企业的业务增长态势较好	

（三）中介变量

平台的生态系统是一个相互依存、相互促进的系统。平台企业通过共建生态系统，可以实现各方利益最大化，提升服务水平和用户体验，并使平台企业获得更多的收益和利润。

本书采用李克特 5 级量表的形式，即针对生态系统的问题描述从 1 到 5 进行评分，其中，1 分代表非常不赞同、2 分代表比较不赞同、3 分代表一般、4分代表比较赞同、5分代表非常赞同。生态系统的具体测量题项如表 3-4 所示。

表 3-4 生态系统题项及来源

变量	维度	编号	测量题目	参考来源
生态系统（STXT）	信息共享（IS）	IS1	企业与主要合作伙伴共享相关产品信息	曾敏刚、吴倩倩（2012）；董保宝、葛宝山、王侃（2011）；徐笑君（2022）
		IS2	企业与其他同行企业的信息差别较小	
		IS3	企业能够从外界环境中获得有用信息	
		IS4	企业与外界的信息交流较频繁	
	动态能力（DC）	DC1	企业能够较好地利用可得性资源	
		DC2	企业的产品能够及时适应市场的发展需要	
		DC3	企业能够较好地洞察其发展环境	
		DC4	企业具有持续成长学习的能力	
		DC5	企业能够及时地进行组织变革	

第四节 数据收集与分析方法

本节主要阐述研究中问卷数据的收集状况以及相应的分析方法，为本书实证研究的开展奠定基础。

一、数据收集

为了确保研究的准确性，本书问卷的发放严格遵循客观、均衡的原则，最大限度地减少可能产生误差的干扰因素，尽可能地提高问卷的有效性，进而提高所得数据的质量。

本书的研究对象主要为平台企业，因此问卷的发放主要针对经济较为发达的地区，如北京、上海、广东等，以尽可能准确地获取所需数据。为使数据更具可靠性,问卷的发放对象主要是平台企业中对机构情况了解得相对全面的中高层管理者。问卷的发放渠道有三个:利用笔者在行业内的人脉直接发放问卷;利用 MBA(工商管理硕士)和 DBA(工商管理博士)同学圈直接发放问卷;利用网络发放问卷。本书主要采用网络发放问卷的方式,利用腾讯调查来收集问卷,将网址发给符合条件的平台企业,填写者通过微信在网上进行问卷填写,问卷提交后会直接保存在服务器中。但由于问卷的内容比较专业,收集的数据完整性和有效性十分有限。在设计测量题项时,首先要避免问卷内容涉及隐私问题,并承诺相关数据仅用于学术研究而不会用于商业用途,同时承诺采用不记名的方式回收问卷。

借鉴 Armstrong 和 Overton(1977)提出的建议,检验问卷是否存在无回应偏差,结果显示,未经催收的样本回复问卷同催收的样本回复问卷不存在显著的差异。因此,样本不存在无回应偏差。本次调查共发放问卷 360 份,回收 333 份,有效问卷 329 份,回收率为 92.50%,有效率为 98.80%,如表 3-5 所示。

表 3-5 问卷统计

发放方式	发放问卷数(份)	回收问卷数(份)	有效问卷数(份)	回收率(%)	有效率(%)
笔者走访	77	77	77	100	100
MBA/DBA 同学圈	64	64	64	100	100
网络发放	219	192	188	87.67	85.84
合计	360	333	329	92.50	91.39

二、分析方法

本书运用 SPSS 统计软件作为分析工具,采用的方法包括描述性统计分析、信度分析、效度分析、相关性分析和多元回归分析等。

(一) 描述性统计分析

描述性统计是指通过制表、计算等方式对数据特征进行描述的各项活动。

本书运用描述性统计分析的主要目的是对样本数据进行总体情况分析，用来分析回收的样本数据是否符合研究的要求。分析内容主要包含调查对象所属企业的区域分布、企业性质、企业行业归属、企业人员规模等。

(二) 信度分析

信度又称可靠性，一般是指问卷的可信程度。信度分析主要用于了解和分析量表指标的稳定性和一致性。

本书采用CITC值和内部一致性的 α 信度方式来检验量表的信度。如果CITC值小于0.4，则考虑将对应项进行删除处理。Cronbach's α 系数值用于判断题项是否应该作删除处理，如果Cronbach's α 系数值低于0.6，考虑将对应项进行删除处理。Cronbach's α 系数介于 0～1，用Cronbach's α 系数来衡量内部一致性信度。一份优质的量表，其总量表的Cronbach's α 系数在0.8以上表示信度非常好，介于0.7～0.8，表示稍微修改条目也可以接受；其分量表的Cronbach's α 系数在0.7以上表示可靠性很好，介于0.6～0.7表示还可以接受；如果总量表的Cronbach's α 系数在0.8以下，分量表的Cronbach's α 系数在0.6以下，则说明量表需要重新修订。

(三) 效度分析

效度又称有效性，一个好的实证分析研究必须建立在高效度的基础上。为了提升数据量表的效度，测评量表的内容也应该反映衡量数据的内容，对效度的评价通常从以下两个角度出发：内容效度和结构效度。从研究实用性出发，由于本书的检测量表全部来源于相关研究的检测量表，并在此基础上针对自身实际状况进行了适当的修改，所以具有很高的内容效度。

本书主要采用探索性因子分析（EFA），通过 KMO 和 Bartlett 球体检验方法，运用 SPSS 进行因子分析。其中，主要参考 Kaiser 和 Rice（1974）提出的 KMO 指标判断标准，即：

（1）如果 KMO 值在 0.9 以上，表示非常适合因子分析。

（2）如果 KMO 值介于 0.8～0.9，表示很适合因子分析。

（3）如果 KMO 值介于 0.7～0.8，表示适合因子分析。

（4）如果 KMO 值介于 0.6～0.7，表示勉强适合因子分析。

（5）如果 KMO 值介于 0.5～0.6，表示不太适合因子分析。

（6）如果 KMO 值 <0.5，则表示不适合因子分析。

在因子分析中，因子负荷值越大，收敛效度就越高。一般来说，如因子负荷值介于 0.5～1.0，效度即可接受。也就是说，因子负荷在 0.5 以上才能满足收敛效度的要求。关于收敛效度，通过在量表中提取公因子的方法，用因子载荷反应公因子表示对量表的相关程度。

（四）相关性分析

相关性分析是一种统计分析方法，通常用于研究多个变量之间的相关关系。

在相关性分析中，本书主要采用皮尔逊相关系数进行判断。皮尔逊相关系数介于 –1～1，可以是此范围内的任何值，相关系数绝对值越接近 1，表示两变量的关联程度越强；相关系数的绝对值越接近 0，表示两变量的关联程度越弱。当相关系数大于 0 时，表示两变量之间是正相关关系，此时一个变量随另一个变量的增加而增加；当相关系数小于 0 时，表示两变量之间是负相关关系，此时一个变量随另一个变量的增加而减少。

（五）多元回归分析

多元回归分析主要研究的是单个因变量与多个自变量之间的关系。本书进行多元回归分析是为了研究解释变量、中介变量与被解释变量之间的关系，根据回归分析结果得出各自变量对目标变量产生的影响，因此，需要求出各自变量的影响程度。此外，还可以通过比较两个回归模型之间的解释贡献率的增加或减少来判断模型的拟合程度。如果一个回归模型的解释贡献值增加，那么该模型的拟合效果更好；反之则拟合效果较差。

第五节　结论

本章基于对文献的梳理提出了17项假设，包括主体基础假设7项，H1至H5各有两项分支假设，明确阐述了平台企业战略联盟、盈利模式、生态系统及价值共创之间的关系。为检验平台企业战略联盟、盈利模式、生态系统及价值共创之间的关系，本章设计了相关问卷，并对问卷设计的原则及思路进行了说明，阐明了数据的收集方法以及分析方法。本书的问卷根据文献梳理及结合实际修改而成。具体来说，被解释变量为价值共创（JZGC），分为资源整合（RA）和价值创造（VC）两个维度，共9个题项。解释变量有两个——战略联盟（ZLLM）和盈利模式（YLMS），战略联盟分为契约治理（CG）和关系治理（RG）两个维度，共9个题项；盈利模式分为降本增能（RI）和业务增长（BG）两个维度，包括8个题项。中介变量为生态系统（STXT），分为信息共享（IS）和动态能力（DC）两个维度，共9个题项。量表的完成以及相关方法的明确为下文的实证分析奠定了基础。

第四章

实证分析

为探究平台企业战略联盟、盈利模式、生态系统和价值共创之间的关系,本书设计了相关的问卷,并发放问卷以获得相关数据。在前文量表开发及问卷设计基础上,本章对所获得的数据进行描述性统计、信度与效度检验、相关性分析、回归分析与假设检验。此外,本章还对检验结果进行了讨论和总结。

第一节 描述性统计

描述性统计分析主要是对样本数据进行总体情况分析，主要包括调查对象所属企业所在地区、企业性质、员工人数、企业经营年限、企业总资产等基本信息。同时，调查问卷中设置了专门针对战略联盟、盈利模式、生态系统以及价值共创等的相关题项，本节将统计分析这部分的有关数据。

一、企业所在地区

本次调查问卷发放的覆盖范围主要涉及经济较发达的地区，调查研究对象所在企业主要分布在北京、上海、广东、浙江等，合计占比95.74%，其中，北京市的有123人，占比为37.39%；上海市的有91人，占比为27.66%，如图4-1所示。

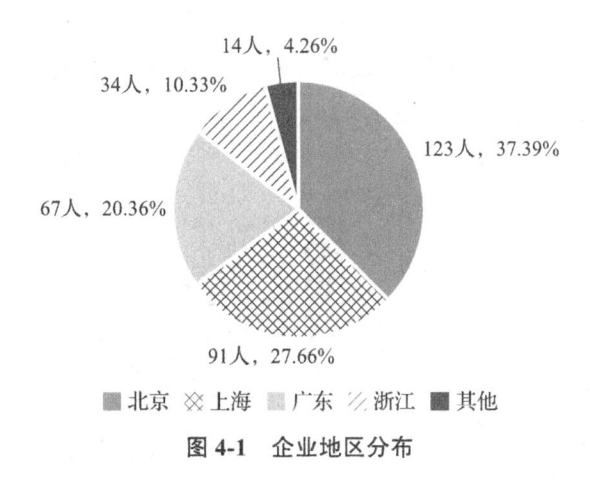

图 4-1 企业地区分布

二、企业性质

企业的性质主要包括国有企业、中外合资企业和民营企业。在调查的样本中，所属企业性质为国有企业的有134人，占比为40.73%；所属企业性质为中外合资企业的有87人，占比为26.44%；所属企业性质为民营企业的有 93 人，占比为 28.27%；所属企业性质为其他的有 15 人，占比为 4.56%，如表 4-1 所示。

表 4-1　企业性质分布

企业性质	小计	百分比（%）
国有企业	134	40.73
中外合资企业	87	26.44
民营企业	93	28.27
其他	15	4.56
合计	329	100.00

三、企业经营年限

在调查的样本中，有 56 人所属企业经营年限为 1～5 年，占比为 17.02%；有 78 人所属企业经营年限为 6～10 年，占比为 23.71%；有 95 人所属企业经营年限为 11～15 年，占比为 28.88%；有 84 人所属企业经营年限为 16～20 年，占比为 25.53%；有 16 人所属企业经营年限在 21 年及以上，占比为 4.86%，如图 4-2 所示。

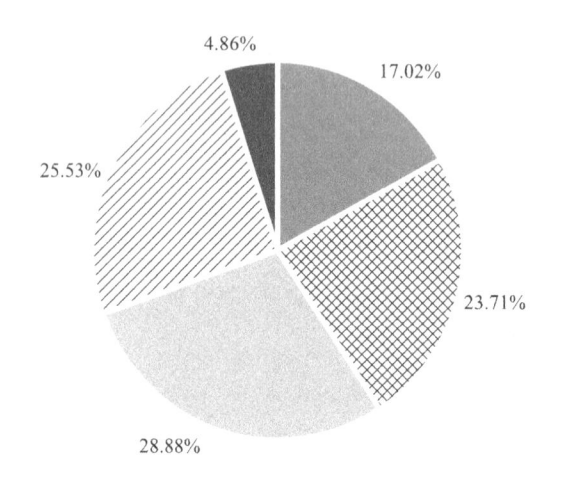

图 4-2　企业经营年限

四、员工人数

在调查的样本中,3.95% 的受访对象所属企业员工人数在 500 人以下;20.36% 的受访对象所属企业员工人数为 501～1000 人;24.62% 的受访对象所属企业员工人数为 1001～5000 人;26.44% 的受访对象所属企业员工人数为 5001～10000 人;24.62% 的受访对象所属企业员工人数在 10001 人以上,如表 4-2 所示。

表 4-2 受访企业员工人数

受访企业员工人数	小计	百分比(%)
500 人以下	13	3.95
501～1000 人	67	20.36
1001～5000 人	81	24.62
5001～10000 人	87	26.44
10001 人以上	81	24.62
总计	329	100.00

五、企业总资产

据统计,问卷调查的样本所属企业的总资产共有五个类别,分别为 1000 万元以下、1000 万～1 亿元、1 亿～100 亿元、100 亿～500 亿元以及 500 亿元以上。其中,所属企业总资产在 1000 万元以下的有 74 人,占比为 22.49%;所属企业总资产在 1000 万～1 亿元的有 85 人,占比为 25.84%;所属企业总资产在 1 亿～100 亿元的有 62 人,占比为 18.84%;所属企业总资产在 100 亿～500 亿元的有 91 人,占比为 27.66%;所属企业总资产在 500 亿元以上的有 17 人,占比为 5.17%,如图 4-3 所示。

图 4-3　企业总资产

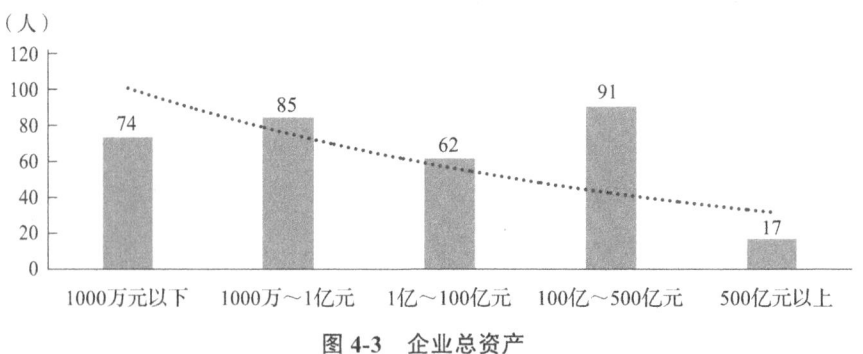

第二节　信度与效度检验

本书对收集到的问卷数据进行了信度与效度检验。信度即可靠性，信度分析的方法包括重测信度法、副本信度法、折半信度法和 α 信度系数法。效度分析指尺度量表达到测量指标准确程度的分析，效度即有效性。

本书在对观察变量进行因子分析前，先对各变量进行了充分性检验，以确保变量测度的题项满足因子分析所必需的条件。在完成变量的充分性检验并符合因子分析条件的前提下，对变量进行了因子分析。本书采用主成分分析法，按照特征值（值）大于 1，因子载荷大于 0.5 作为选择提取因子的标准，分别对企业的战略联盟、盈利模式、生态系统以及价值共创进行充分性检验和因子分析。

一、战略联盟

根据量表的设计，解释变量战略联盟（ZLLM）分为契约治理（CG）和关系治理（RG）两个维度，本小节对战略联盟的信度与效度进行检验，信度的检验结果如表 4-3 所示。

表 4-3 战略联盟信度检验（N=329）

变量	维度	题项	修正后的项与总计相关性	删除项后的 Cronbach's α	标准化后的 α 系数
战略联盟（ZLLM）	契约治理（CG）	CG1	0.858	0.941	0.950
		CG2	0.864	0.940	
		CG3	0.893	0.930	
		CG4	0.905	0.927	
	关系治理（RG）	RG1	0.850	0.952	0.958
		RG2	0.879	0.948	
		RG3	0.927	0.940	
		RG4	0.896	0.945	
		RG5	0.853	0.952	

由表 4-3 可知，契约治理（CG）的信度系数值为 0.950（>0.7），"删除项后的 Cronbach's α" 为 CG1=0.941、CG2=0.940、CG3=0.930、CG4=0.927，均小于标准化后的 α 系数 0.950，并且在删除任意题项后没有发生明显变化。此外，修正后的项与总计相关性分别为 CG1=0.858、CG2=0.864、CG3=0.893、CG4=0.905，均大于 0.4，以上数据都说明契约治理（CG）的信度质量可以接受。关系治理（RG）的信度系数值为 0.958（>0.7），"删除项后的 Cronbach's α" 为 RG1=0.952、RG2=0.948、RG3=0.940、RG4=0.945、RG5=0.952，均小于标准化后的 α 系数 0.958，并且在删除任意题项后没有发生明显变化。此外，修正后的项与总计相关性分别为：RG1=0.850、RG2=0.879、RG3=0.927、RG4=0.896、RG5=0.853，均大于 0.4，以上数据都说明关系治理（RG）的信度质量可以接受。

战略联盟量表的效度检验是通过对战略联盟量表的两个维度进行因子分析的，分析结果如表 4-4、表 4-5、表 4-6 所示。

表 4-4 战略联盟 KMO 和巴特利特球形检验（N=329）

KMO 和巴特利特球形检验		
KMO 取样适切性量数		0.918
巴特利特球形检验	近似卡方	3383.105
	自由度	36
	显著性	0.000

表 4-5 战略联盟探索性因子分析（N=329）

成分	初始特征值			提取载荷平方和			旋转载荷平方和		
	总计	方差百分比	累积 %	总计	方差百分比	累积 %	总计	方差百分比	累积 %
1	6.285	69.832	69.832	6.285	69.832	69.832	4.185	46.497	46.497
2	1.500	16.67	86.502	1.500	16.670	86.502	3.600	40.005	86.502
3	0.256	2.842	89.344						
4	0.221	2.456	91.800						
5	0.203	2.260	94.060						
6	0.183	2.036	96.096						
7	0.156	1.734	97.829						
8	0.106	1.181	99.010						
9	0.089	0.990	100						

提取方法：主成分分析法

表 4-6 战略联盟旋转后的成分矩阵 a（N=329）

变量	维度	题项	成分	
			1	2
战略联盟（ZLLM）	契约治理（CG）	CG1		0.871
		CG2		0.898
		CG3		0.884
		CG4		0.881
	关系治理（RG）	RG1	0.825	
		RG2	0.860	
		RG3	0.893	
		RG4	0.896	
		RG5	0.894	

从表4-4可以看出，战略联盟的KMO检验结果为0.918（>0.70），巴特利特球形检验的近似卡方分布为3383.105，自由度为36，显著性概率值达到显著水平（p=0.000<0.001），表明数据适合进行因子分析。

从表4-5、表4-6可看出，最大方差法旋转后共得到两个公因子，契约治理（CG）下的因子载荷为CG1=0.871、CG2=0.898、CG3=0.884、CG4=0.881，关系治理（RG）下的因子载荷为RG1=0.825、RG2=0.860、RG3=0.893、RG4=0.896、RG5=0.894，每个公因子下各题项的因子载荷均在0.7以上（>0.5），同时两个因子的累积方差贡献率已达到86.502%，说明量表的效度良好。

二、盈利模式

根据量表的设计，解释变量盈利模式（YLMS）包括降本增能（RI）和业务增长（BG）两个维度，本小节对盈利模式的信度效度进行分析，信度的检验结果如表4-7所示。

表4-7 盈利模式信度检验结果（N=329）

变量	维度	题项	修正后的项与总计相关性	删除项后的Cronbach's α	标准化后的α系数
盈利模式（YLMS）	降本增能（RI）	RI1	0.826	0.908	0.928
		RI2	0.813	0.912	
		RI3	0.830	0.906	
		RI4	0.860	0.896	
盈利模式（YLMS）	业务增长（BG）	BG1	0.878	0.920	0.943
		BG2	0.883	0.919	
		BG3	0.853	0.928	
		BG4	0.838	0.933	

由表4-7可知，降本增能（RI）的信度系数值为0.928（>0.7），"删除项后的Cronbach's α"为RI1=0.908、RI2=0.912、RI3=0.906、RI4=0.896，均小于标准化后的α系数0.928，并且在删除任意题项后没有发生明显变化。

此外，修正后的项与总计相关性分别为 RI1=0.826、RI2=0.813、RI3=0.830、RI4=0.860 均大于 0.4，以上数据都说明降本增能（RI）的信度质量可以接受。业务增长（BG）的信度系数值为 0.943（>0.7）。"删除项后的 Cronbach's α"为 BG1=0.920、BG2=0.919、BG3=0.928、BG4=0.933，均小于标准化后的 α 系数 0.943，并且在删除任意题项后没有发生明显变化。此外，修正后的项与总计相关性分别为 BG1=0.878、BG2=0.883、BG3=0.853、BG4=0.838，均大于 0.4，以上数据都说明业务增长（BG）的信度质量可以接受。

盈利模式量表的效度检验是通过对盈利模式量表的两个维度进行因子分析的，分析结果如表 4-8、表 4-9、表 4-10 所示。

表 4-8　盈利模式 KMO 和巴特利特球形检验（N=329）

KMO 和巴特利特球形检验		
KMO 取样适切性量数		0.865
巴特利特球形检验	近似卡方	2302.894
	自由度	28
	显著性	0.000

表 4-9　盈利模式探索性因子分析（N=329）

成分	初始特征值			提取载荷平方和			旋转载荷平方和		
	总计	方差百分比	累积 %	总计	方差百分比	累积 %	总计	方差百分比	累积 %
1	4.303	53.79	53.79	4.303	53.790	53.790	3.421	42.765	42.765
2	2.414	30.17	83.96	2.414	30.170	83.960	3.296	41.196	83.960
3	0.307	3.839	87.800						
4	0.243	3.043	90.843						
5	0.230	2.872	93.715						
6	0.190	2.373	96.088						
7	0.164	2.046	98.133						
8	0.149	1.867	100						
提取方法：主成分分析法									

表 4-10　盈利模式旋转后的成分矩阵 a（N=329）

变量	维度	题项	成分 1	成分 2
盈利模式（YLMS）	降本增能（RI）	RI1		0.895
		RI2		0.895
		RI3		0.886
		RI4		0.915
	业务增长（BG）	BG1	0.925	
		BG2	0.930	
		BG3	0.912	
		BG4	0.891	

从表 4-8 的检验结果可以看出，盈利模式的 KMO 检验结果为 0.865（>0.70），巴特利特球形检验的近似卡方分布为 2302.894，自由度为 28，显著性概率值达到显著水平（p=0.000<0.001），表明数据适合进行因子分析。

从表 4-9、表 4-10 中可以看出，最大方差法旋转后共得到两个公因子，降本增能（RI）下的因子载荷为 RI1=0.895、RI2=0.895、RI3=0.886、RI4=0.915，业务增长（BG）下的因子载荷为 BG1=0.925、BG2=0.930、BG3=0.912、BG4=0.891，每个公因子下各题项的因子载荷均在 0.8 以上（>0.5），同时两个因子的累计方差贡献率已达到 83.960%，说明量表的效度良好。

三、生态系统

根据量表的设计，中介变量生态系统（STXT）分为信息共享（IS）和动态能力（DC）两个维度，本小节对生态系统的信度效度进行分析，信度的检验结果如表 4-11 所示。

表 4-11　生态系统信度检验结果（N=329）

变量	维度	题项	修正后的项与总计相关性	删除项后的 Cronbach's α	标准化后的 α 系数
生态系统（STXT）	信息共享（IS）	IS1	0.813	0.907	0.925
		IS2	0.825	0.903	
		IS3	0.847	0.895	
		IS4	0.819	0.905	
	动态能力（DC）	DC1	0.885	0.930	0.947
		DC2	0.870	0.933	
		DC3	0.840	0.938	
		DC4	0.860	0.934	
		DC5	0.826	0.941	

由表 4-11 可知，信息共享的信度系数值为 0.925（>0.7），"删除项后的 Cronbach's α"为 IS1=0.907、IS2=0.903、IS3=0.895、IS4=0.905，均小于标准化后的 α 系数 0.925，并且在删除任意题项后没有发生明显变化。此外，修正后的项与总计相关性分别为 IS1=0.813、IS2=0.825、IS3=0.847、IS4=0.819，均大于 0.4，以上数据都说明信息共享的信度质量可以接受。动态能力的信度系数值为 0.947（>0.7）。"删除项后的 Cronbach's α"为 DC1=0.930、DC2=0.933、DC3=0.938、DC4=0.934、DC5=0.941 均小于标准化后的 α 系数 0.947，并且在删除任意题项后没有发生明显变化。此外，修正后的项与总计相关性分别为 DC1=0.885、DC2=0.870、DC3=0.840、DC4=0.860、DC5=0.826，均大于 0.4，以上数据都说明动态能力的信度质量可以接受。

生态系统量表的效度检验是通过对生态系统量表的两个维度进行因子分析，分析结果如表 4-12、表 4-13、表 4-14 所示。

表 4-12　生态系统 KMO 和巴特利特球形检验（N=329）

KMO 和巴特利特球形检验		
KMO 取样适切性量数		0.911
巴特利特球形检验	近似卡方	2996.83
	自由度	36
	显著性	0.000

表 4-13　生态系统探索性因子分析（N=329）

成分	初始特征值			提取载荷平方和			旋转载荷平方和		
	总计	方差百分比	累积%	总计	方差百分比	累积%	总计	方差百分比	累积%
1	6.255	69.501	69.501	6.255	69.501	69.501	3.985	44.273	44.273
2	1.168	12.978	82.479	1.168	12.978	82.479	3.438	38.206	82.479
3	0.526	5.844	88.322						
4	0.241	2.683	91.005						
5	0.204	2.266	93.27						
6	0.176	1.961	95.231						
7	0.158	1.751	96.982						
8	0.145	1.606	98.588						
9	0.127	1.412	100						

提取方法：主成分分析法

表 4-14　生态系统旋转后的成分矩阵 a（N=329）

变量	维度	题项	成分	
			1	2
生态系统（STXT）	信息共享（IS）	IS1		0.821
		IS2		0.836
		IS3		0.854
		IS4		0.857
	动态能力（DC）	DC1	0.900	
		DC2	0.866	
		DC3	0.850	
		DC4	0.821	
		DC5	0.773	

从表 4-12 可以看出，生态系统的 KMO 检验结果为 0.911（>0.70），巴特利特球形检验的近似卡方分布为 2996.83，自由度为 36，显著性概率值达到显著水平（p=0.000<0.001），表明数据适合进行因子分析。

从表 4-13、表 4-14 中可以看出，最大方差法旋转后共得到两个公因子，信息共享（IS）下的因子载荷为 IS1=0.821、IS2=0.836、IS3=0.854、IS4=0.857，动态能力（DC）下的因子载荷为 DC1=0.900、DC2=0.866、DC3=0.850、DC4=0.821、DC5=0.773，每个公因子下各题项的因子载荷均在 0.7 以上（>0.5），同时两个因子的累积方差贡献率已达到 82.479%，说明量表的效度良好。

四、价值共创

根据量表的设计，被解释变量价值共创（JZGC）分为资源整合（RA）和价值创造（VC）两个维度，本小节对价值共创（JZGC）的信度效度进行分析，信度的检验结果如表 4-15 所示。

表 4-15　价值共创信度检验（N=329）

变量	维度	题项	修正后的项与总计相关性	删除项后的 Cronbach's α	标准化后的 α 系数
价值共创（JZGC）	资源整合（RA）	RA1	0.900	0.967	0.971
		RA2	0.927	0.963	
		RA3	0.919	0.964	
		RA4	0.916	0.965	
		RA5	0.925	0.963	
	价值创造（VC）	VC1	0.910	0.954	0.965
		VC2	0.914	0.953	
		VC3	0.922	0.951	
		VC4	0.903	0.956	

由表 4-15 可知，资源整合的信度系数值为 0.971（>0.7），"删除项后的 Cronbach's α" 为 RA1=0.967、RA2=0.963、RA3=0.964、RA4=0.965、RA5=0.963，均小于标准化后的 α 系数 0.971，并且在删除任意题项后没有发生明显变化。此外，修正后的项与总计相关性分别为 RA1=0.900、RA2=0.927、RA3=0.919、RA4=0.916、RA5=0.925，均大于 0.4，以上数据都说明资源整合的信度质量可以接受；价值创造（VC）的信度系数值为 0.965（>0.7）。"删除项后的 Cronbach's α" 为 VC1=0.954、VC2=0.953、VC3=0.951、VC4=0.956，均小于标准化后的 α 系数 0.965，并且在删除任意题项后没有发生明显变化。此外，修正后的项与总计相关性分别为 VC1=0.910、VC2=0.914、VC3=0.922、VC4=0.903，均大于 0.4，以上数据都说明价值创造的信度质量可以接受。

价值共创的效度检验是通过对价值共创量表的两个维度进行因子分析，分析结果如表 4-16、表 4-17、表 4-18 所示。

表 4-16　价值共创 KMO 和巴特利特球形检验（N=329）

KMO 和巴特利特球形检验		
KMO 取样适切性量数		0.918
巴特利特球形检验	近似卡方	4185.49
	自由度	36
	显著性	0.000

表 4-17　价值共创探索性因子分析（N=329）

成分	初始特征值			提取载荷平方和			旋转载荷平方和		
	总计	方差百分比	累积 %	总计	方差百分比	累积 %	总计	方差百分比	累积 %
1	7.029	78.104	78.104	7.029	78.104	78.104	4.352	48.359	48.359
2	1.081	12.012	90.116	1.081	12.012	90.116	3.758	41.757	90.116
3	0.214	2.377	92.493						
4	0.174	1.932	94.425						

续表

成分	初始特征值			提取载荷平方和			旋转载荷平方和		
	总计	方差百分比	累积 %	总计	方差百分比	累积 %	总计	方差百分比	累积 %
5	0.13	1.441	95.866						
6	0.123	1.362	97.227						
7	0.099	1.096	98.323						
8	0.086	0.96	99.283						
9	0.065	0.717	100						

提取方法：主成分分析法

表 4-18　价值共创旋转后的成分矩阵（N=329）

变量	维度	题项	成分	
			1	2
价值共创（JZGC）	资源整合（RA）	RA1	0.854	
		RA2	0.872	
		RA3	0.871	
		RA4	0.881	
		RA5	0.869	
	动态能力（VC）	VC1		0.862
		VC2		0.880
		VC3		0.884
		VC4		0.864

从表 4-16 可以看出，价值共创（JZGC）的 KMO 检验结果为 0.918（大于 0.70），巴特利特球形检验的近似卡方分布为 4185.49，自由度为 36，显著性概率值达到显著水平（P=0.000<0.001），表明数据适合进行因子分析。

从表 4-18 可以看出，最大方差法旋转后共得到两个公因子，资源整合（RA）下的因子载荷为 RA1=0.854、RA2=0.872、RA3=0.871、RA4=0.881、RA5=0.869，动态能力（VC）下的因子载荷为 VC1=0.862、VC2=0.880、

VC3=0.884、VC4=0.864，每个公因子下各题项的因子载荷均在 0.8 以上（>0.5），同时两个因子的累积方差贡献率已达到 90.116%，说明量表的效度良好。

第三节 相关性分析

本书中的相关性分析采用皮尔逊相关系数进行判断，对两个独立的指标/变量一对一地进行分析操作。相关性分析用来观测两个变量之间的关联程度，即只能测量是否有关系和关联程度。相关系数一般介于 0～1，关联程度直接看相关系数的大小，当相关系数小于 0.2 时，说明关联程度较弱，但依然具有相关关系。

为探究变量之间是否具有相关性，本书对战略联盟、盈利模式、生态系统及价值共创两两做相关性分析，参与分析的个案数为 329 个。具体数据如表 4-19 所示。

表 4-19 变量之间的相关性分析（N=329）

变量		战略联盟	盈利模式	生态系统	价值共创
战略联盟	皮尔逊相关性	1	0.625**	0.765**	0.776**
	显著性（双尾）		0.000	0.000	0.000
盈利模式	皮尔逊相关性	0.625**	1	0.695**	0.620**
	显著性（双尾）	0.000		0.000	0.000
	个案数	329	329	329	329
生态系统	皮尔逊相关性	0.765**	0.695**	1	0.756**
	显著性（双尾）	0.000	0.000		0.000
价值共创	皮尔逊相关性	0.776**	0.620**	0.756**	1
	显著性（双尾）	0.000	0.000	0.000	

注：** 表示在 1% 水平下显著（双尾）。

由表 4-19 可知，战略联盟与价值共创具有显著的相关关系，相关系数为 0.776；盈利模式与价值共创具有显著的相关关系，相关系数为 0.620；战略联盟与生态系统具有显著的相关关系，相关系数为 0.765；盈利模式与生态系统具有显著的相关关系，相关系数为 0.695；生态系统与价值共创具有显著的相关关系，相关系数为 0.756。上述数据表明，各变量之间都具有一定的相关关系，为研究各变量间的关联程度和关系，本书还将进一步做回归研究。

第四节 回归分析与假设检验

本书是在理论基础之上，建立了理论模型，并对模型进行回归分析。本书使用的是线性回归分析，通过将两个及两个以上的变量定义为自变量或者因变量进行多次回归，并分析回归结果，以探究战略联盟、盈利模式、生态系统及价值共创四者之间的关系。如果回归分析结果显示 p 小于 0.05，则说明变量间有影响关系。通常需要看以下几个指标：R^2 值介于 0～1，数值越接近 1 越好，方程模型拟合度越高；VIF 值代表方差膨胀因子，所有的 VIF 值均需要小于 10（相对严格的标准是小于 5），才可以表明回归模型不存在多重共线性。

一、战略联盟与价值共创的关系

为探究战略联盟与价值共创两者之间的关系，本书将战略联盟（ZLLM）的契约治理（CG）、关系治理（RG）两个维度作为自变量，将价值共创（JZGC）作为因变量进行线性回归分析，如表 4-20 所示。

表 4-20　战略联盟与价值共创线性回归（N=329）

题项	未标准化系数 B	未标准化系数 标准误差	标准化系数 β	t	显著性	VIF	R^2	调整后的 R^2	F
（常量）	0.661	0.136		4.852	0.000		0.682	0.680	349.615
CG	0.679	0.038	0.703	17.815	0.000	1.597			
RG	0.166	0.036	0.180	4.572	0.000	1.597			
因变量：价值共创

由表 4-20 可知，战略联盟（ZLLM）的两个维度可以解释价值共创（模型 $R^2 = 0.682$）68.20% 的变化原因。p=0.000<0.05，VIF 值分别为 1.597、1.597，均小于 5，表明模型不存在多重共线性。战略联盟（ZLLM）的两个维度对价值共创（JZGC）产生影响的模型公式为：JZGC=0.661+0.679×CG+0.166×RG。

由此可知：战略联盟（ZLLM）的契约治理（CG）对价值共创（JZGC）的回归显著（B=0.679，p<0.05），两者间有显著的正向影响关系，假设 H1a 成立。

战略联盟（ZLLM）的关系治理（RG）对价值共创（JZGC）的回归显著（B=0.166，p<0.05），两者间有显著的正向影响关系，H1b 成立。

二、盈利模式与价值共创的关系

为探究盈利模式与价值共创两者之间的关系，本书将盈利模式（YLMS）的降本增能（RI）、业务增长（BG）这两个维度作为自变量，将价值共创（JZGC）作为因变量进行线性回归分析，如表 4-21 所示。

表 4-21　盈利模式与价值共创线性回归（N=329）

题项	未标准化系数 B	标准误差	标准化系数 β	t	显著性	VIF	R^2	调整后的 R^2	F
（常量）	0.773	0.189		4.088	0.000		0.544	0.541	194.454
RI	0.734	0.040	0.71	18.213	0.000	1.086			
BG	0.078	0.037	0.083	2.131	0.034	1.086			
因变量：价值共创

由表 4-21 可知，盈利模式（YLMS）的两个维度可以解释价值共创（JZGC）（模型 R^2=0.544）54.40% 的变化原因。p=0.000<0.05，VIF 值分别为 1.086、1.086，均小于 5，表明模型不存在多重共线性。盈利模式（YLMS）的两个维度对价值共创（JZGC）产生影响的模型公式为：JZGC=0.773+0.734×RI+0.078×BG。

由此可知：盈利模式（YLMS）的降本增能（RI）对价值共创（JZGC）的回归显著（B=0.734，p<0.05），两者间具有显著的正向影响关系，假设 H2a 成立。

盈利模式（YLMS）的业务增长（BG）对价值共创（JZGC）的回归显著（B=0.078，p<0.05），两者间具有显著的正向影响关系，假设 H2b 成立。

三、战略联盟与生态系统的关系

为探究战略联盟与生态系统两者之间的关系，本书将战略联盟（ZLLM）的契约治理（CG）、关系治理（RG）这两个维度作为自变量，将生态系统（STXT）作为因变量进行线性回归分析，如表 4-22 所示。

表 4-22　战略联盟与生态系统线性回归（N=329）

题项	未标准化系数 B	标准误差	标准化系数 β	t	显著性	VIF	R^2	调整后的 R^2	F
（常量）	0.974	0.137		7.121	0.000				
CG	0.556	0.038	0.617	14.507	0.000	1.597	0.631	0.628	278.156
RG	0.213	0.036	0.249	5.846	0.000	1.597			
因变量：生态系统

由表 4-22 可知，战略联盟（ZLLM）的两个维度可以解释生态系统（STXT）（模型 R^2=0.631）63.10% 的变化原因。p=0.000<0.05，VIF 值分别为 1.597、1.597，均小于 5，表明模型不存在多重共线性。战略联盟（ZLLM）的两个维度对生态系统（STXT）产生影响的模型公式为：STXT=0.974+0.556×CG+0.213×RG。

由此可知：战略联盟（ZLLM）的契约治理（CG）对生态系统（STXT）的回归显著（B=0.556，p<0.05），两者间具有显著的正向影响关系，H3a 成立。

战略联盟（ZLLM）的关系治理（RG）对生态系统（STXT）的回归显著（B=0.213，p<0.05），两者间具有显著的正向影响关系，H3b 成立。

四、盈利模式与生态系统的关系

为探究盈利模式与生态系统两者之间的关系，本书将盈利模式（YLMS）的降本增能（RI）、业务增长（BG）这两个维度作为自变量，将生态系统（STXT）作为因变量进行线性回归分析，如表 4-23 所示。

表 4-23　盈利模式与生态系统线性回归（N=329）

题项	未标准化系数 B	标准误差	标准化系数 β	t	显著性	VIF	R^2	调整后的 R^2	F
（常量）	0.770	0.178		4.318	0.000		0.534	0.531	186.694
RI	0.584	0.038	0.606	15.376	0.000	1.086			
BG	0.238	0.034	0.272	6.903	0.000	1.086			
因变量：生态系统

由表4-23可知，盈利模式（YLMS）的两个维度可以解释生态系统（STXT）（模型 R^2=0.534）53.40%的变化原因。p=0.000<0.05，VIF值分别为1.086、1.086，均小于5，表明模型不存在多重共线性。盈利模式（YLMS）的两个维度对生态系统（STXT）产生影响的模型公式为：STXT=0.770+0.584×RI+0.238×BG。

由此可知：盈利模式（YLMS）的降本增能（RI）对生态系统（STXT）的回归显著（B=0.584，p<0.05），两者间具有显著的正向影响关系，假设H4a成立。

盈利模式（YLMS）的业务增长（BG）对生态系统（STXT）的回归显著（B=0.238，p<0.05），两者间具有显著的正向影响关系，H4b成立。

五、生态系统与价值共创的关系

为探究生态系统与价值共创两者之间的关系，本书将生态系统（STXT）的信息共享（IS）、动态能力（DC）这两个维度作为自变量，将价值共创（JZGC）作为因变量进行线性回归分析，如表4-24所示。

表 4-24　生态系统与价值共创线性回归（N=329）

题项	未标准化系数 B	未标准化系数 标准误差	标准化系数 β	t	显著性	VIF	R^2	调整后的 R^2	F
（常量）	0.757	0.161		4.711	0.000				
IS	0.516	0.048	0.523	10.692	0.000	1.886	0.586	0.584	230.833
DC	0.302	0.048	0.306	6.245	0.000	1.886			
因变量：价值共创									

由表 4-24 可知，生态系统（STXT）的两个维度可以解释价值共创（JZGC）（模型 R^2=0.586）58.60% 的变化原因。p=0.000<0.05，VIF 值分别为 1.886、1.886，均小于 5，表明模型不存在多重共线性。生态系统（STXT）的两个维度对价值共创（JZGC）产生影响的模型公式为：JZGC=0.757+0.516×IS+0.302×DC。

由此可知：生态系统（STXT）的信息共享（IS）对价值共创（JZGC）的回归显著（B=0.516，p<0.05），两者间具有显著的正向影响关系，H5a 成立。

生态系统（STXT）的动态能力（DC）对价值共创（JZGC）的回归显著（B=0.302，p<0.05），两者间具有显著的正向影响关系，H5b 成立。

第五节　生态系统的中介效应

战略联盟、盈利模式通过生态系统对价值共创产生影响，在这里探讨生态系统是否存在中介效应。本书共进行了五次回归分析，分别是战略联盟对价值共创的回归分析、盈利模式对价值共创的回归分析、战略联盟对生态系统的回归分析、盈利模式对生态系统的回归分析、生态系统对价值共创的回归分析。当方差膨胀因子（VIF）满足1<VIF<10时，回归模型中不存在多重共线性问题。从回归分析中可以得出，本研究不存在共线性的问题。

一、生态系统在战略联盟对价值共创影响中的中介作用

为探究生态系统（STXT）在战略联盟（ZLLM）对价值共创（JZGC）影响中的中介作用，本书构建了相关模型，并分析了模型结果。

研究模型说明：

模型1：将自变量战略联盟（ZLLM）与因变量价值共创（JZGC）进行回归检验。

模型2：将自变量战略联盟（ZLLM）与中介变量生态系统（STXT）进行回归检验。

模型3：将自变量战略联盟（ZLLM）、中介变量生态系统（STXT）、因变量价值共创（JZGC）同时进行回归检验。

对以上三个模型进行多元回归分析，结果如表4-25所示。

表4-25 战略联盟、生态系统、价值共创多元回归（N=329）

变量	模型1（价值共创）	模型2（生态系统）	模型3（价值共创）
常数	0.847	1.106	0.383
战略联盟	0.810	0.744	0.498
生态系统			0.420
R^2	0.602	0.585	0.666
调整后的 R^2	0.601	0.584	0.664
F	494.800	460.543	324.400

由表4-25可知，首先，在模型1中，战略联盟（ZLLM）对价值共创（JZGC）的回归显著，回归模型的 $R^2=0.602$，调整后的 $R^2=0.601$，

F=494.800，说明回归模型拟合较好，且回归系数 β=0.847（p<0.001），H1 得到验证。

其次，在模型2中，战略联盟（ZLLM）对生态系统（STXT）的回归显著，回归模型的 R^2=0.585，调整后的 R^2=0.584，F=460.543，说明回归模型拟合较好，且回归系数 β=1.106（p<0.001），假设 H3 得到验证。

最后，在模型3中，当生态系统（STXT）作为中介变量加入后，回归模型的 R^2=0.666，调整后的 R^2=0.664，F=324.400，说明回归模型拟合较好。其中，战略联盟（ZLLM）对价值共创（JZGC）的影响系数减小，由模型1的系数 β=0.847（p<0.001）下降为模型3的 β=0.383（p<0.001），这表明生态系统（STXT）在战略联盟（ZLLM）对价值共创（JZGC）的影响中起部分中介作用。中介效应占总效应的比值为：0.744×0.420÷0.810×100%=38.58%。

此外，针对在战略联盟（ZLLM）对价值共创（JZGC）影响的过程中，生态系统（STXT）的中介作用检验，如果间接效应值的95%CI值不包括数字0，则说明具有中介作用。分析结果表明，95%区间并不包括数字0（95%CI：0.35～0.58），进一步说明生态系统（STXT）起到中介作用。因此，H6 成立。

二、生态系统在盈利模式对价值共创影响中的中介作用

为探究生态系统（STXT）在盈利模式（YLMS）对价值共创（JZGC）影响中的中介作用，本书构建了相关模型，并分析了模型结果。

研究模型说明：

模型1：将自变量盈利模式（YLMS）与因变量价值共创（JZGC）进行回归检验。

模型2：将自变量盈利模式（YLMS）与中介变量生态系统（STXT）进行回归检验。

模型3：将自变量盈利模式（YLMS）、中介变量生态系统（STXT）、因

变量价值共创（JZGC）同时进行回归检验。

对以上三个模型进行多元回归分析，结果如表4-26所示。

表4-26　盈利模式、生态系统、价值共创线性回归（N=329）

变量	模型1（价值共创）	模型2（生态系统）	模型3（价值共创）
常数	1.106	0.921	0.473
盈利模式	0.753	0.797	0.205
生态系统			0.688
R^2	0.371	0.479	0.585
调整后的R^2	0.369	0.477	0.583
F	193.125	300.283	230.213

由表4-26可知，首先，在模型1中，盈利模式（YLMS）对价值共创（JZGC）的回归显著，回归模型的$R^2=0.371$，调整后的$R^2=0.369$，F=193.125，说明回归模型拟合较好，且回归系数 $\beta=1.106$（$p<0.001$），H2成立。

其次，在模型2中，盈利模式（YLMS）对生态系统（STXT）的回归显著，回归模型的$R^2=0.479$，调整后的$R^2=0.477$，F=300.283，说明回归模型拟合较好，且回归系数 $\beta=0.921$（$p<0.001$），H4成立。

最后，在模型3中，当生态系统（STXT）作为中介变量加入后，回归模型的$R^2=0.585$，调整后的$R^2=0.583$，F=230.213，说明回归模型拟合较好。其中，盈利模式（YLMS）对价值共创（JZGC）的影响系数减小，由模型1的系数 $\beta=1.106$（$p<0.001$）下降为模型3的 $\beta=0.473$（$p<0.001$），这表明生态系统（STXT）在盈利模式（YLMS）对价值共创（JZGC）的影响中起部分中介作用。中介效应占总效应的比值为：$0.797\times0.688\div0.753\times100\%=72.82\%$。

此外，针对在盈利模式（YLMS）对价值共创（JZGC）影响的过程中，生态系统（STXT）的中介作用检验，如果间接效应值的95%CI值不包括数字0，则说明具有中介作用。分析结果表明95%区间并不包括数字0

（95%CI：0.35～0.58），进一步说明生态系统（STXT）起到中介作用。因此，H7 成立。

第六节　检验结果分析与讨论

通过以上的实证分析，可以明晰研究变量战略联盟、盈利模式、生态系统及价值共创之间的关系。本节将对结果进行汇总与讨论。

一、实证结果汇总

通过前文的实证分析，可以获得关于平台企业战略联盟、盈利模式、生态系统及价值共创间关系的实证结果。在此基础上，本节对假设做出总结，如表 4-27 所示。

表 4-27　假设汇总

假设编号	假设	假设结果
H1	战略联盟对价值共创具有显著的正向影响	成立
H1a	契约治理对价值共创具有显著的正向影响	成立
H1b	关系治理对价值共创具有显著的正向影响	成立
H2	盈利模式对价值共创具有显著的正向影响	成立
H2a	降本增能对价值共创具有显著的正向影响	成立
H2b	业务增长对价值共创具有显著的正向影响	成立
H3	战略联盟对生态系统具有显著的正向影响	成立
H3a	契约治理对生态系统具有显著的正向影响	成立
H3b	关系治理对生态系统具有显著的正向影响	成立
H4	盈利模式对生态系统具有显著的正向影响	成立
H4a	降本增能对生态系统具有显著的正向影响	成立

续表

假设编号	假设	假设结果
H4b	业务增长对生态系统具有显著的正向影响	成立
H5	生态系统对价值共创具有显著的正向影响	成立
H5a	信息共享对价值共创具有显著的正向影响	成立
H5b	动态能力对价值共创具有显著的正向影响	成立
H6	生态系统在战略联盟与价值共创之间起到中介作用	成立
H7	生态系统在盈利模式与价值共创之间起到中介作用	成立

二、检验结果与讨论

通过相关分析和多元回归分析证实企业的战略联盟、盈利模式、生态系统以及价值共创这四个变量之间存在关系。本小节将对实证分析的结果进行分析和讨论。

（一）战略联盟和价值共创的讨论

战略联盟的存在有利于平台企业扩大业务范围、提高自身竞争力。这在一定意义上有利于企业的价值共创。具体地，可以从契约治理以及关系治理层面来阐述。在契约治理层面，企业与联盟成员企业之间具有良好的契约约束，一方面能够增强企业与联盟成员企业之间的联系；另一方面能够为企业参与的价值共创的运行机制提供一定的保障。在关系治理层面，企业与联盟成员企业之间具有较好的合作关系，意味着企业与联盟成员企业之间的合作能够创造更大的价值，使企业能够在价值共创中发挥更大的作用。因此，平台企业的战略联盟对价值共创具有显著的正向影响。

（二）盈利模式和价值共创的讨论

盈利是企业的核心目标之一，平台企业通过建立交易模式、广告模式等盈利模式来获取收益。平台企业的盈利模式也会影响到与供应商、用户之间的交互模式和服务水平。从降本增能层面来看，企业通过降低成本的方式来增加自身盈利，有很大可能会影响其与供应商等相关主体之间的关系。从业务增长层面来看，企业的业务增长可以在一定程度上增强企业与上下游各主体之间的联系，进而增强企业的经济效益。因此，企业的盈利模式对价值共创具有显著的正向影响。

（三）生态系统的中介效应讨论

平台企业生态系统各因素之间相互依存、相互促进。平台企业通过共建生态系统，可以实现各方的利益最大化，提升服务水平和用户体验。对生态系统作用的考察，可以从信息共享和动态能力两个方面来看。

首先是生态系统在战略联盟与价值共创之间的作用。企业所具有的良好的契约治理以及关系治理状况表现出来的是企业与其他企业之间良好的合作关系。这意味着，平台企业能够从联盟中获得所需信息，并能够从这种良好的合作关系之中使自己的动态能力得到提升，进而促进企业的价值共创。因而，生态系统在战略联盟与价值共创之间具有一定的中介作用。其次是生态系统在盈利模式与价值共创之间的作用。企业的盈利模式对企业与其他企业之间的关系会产生一定的影响，进而对企业的生态系统有所作用，从而更进一步发挥生态系统对价值共创的作用。

生态系统在企业的战略联盟、盈利模式对价值共创的影响过程中起到中介作用的结论具有重要的现实指导意义。实证分析表明，生态系统起到了部分的中介作用，即战略联盟和盈利模式不仅可以直接影响经济效益的提升，还可以通过生态系统间接地促进企业的价值共创。

第七节 结论

本章对第二章提出的 17 个假设进行了实证检验。首先对量表变量展开了充分性验证、因子分析、效度和信度检验等，在确认各变量因子满足回归分析条件后，分别对理论模型中的直接效应、中介效应相关假设逐一进行回归分析并得出相应结论。

研究结果表明：第一，战略联盟、盈利模式对价值共创有显著正向影响。第二，战略联盟、盈利模式对生态系统有显著的正向影响。第三，生态系统对价值共创有显著的正向影响。第四，生态系统分别在战略联盟、盈利模式对价值共创的影响过程中起中介作用。最后，本章对战略联盟、盈利模式、生态系统和价值共创的相互关系及作用机理进行了深入的分析和讨论，总结概括了战略联盟、盈利模式、生态系统以及价值共创之间的关系结构。

第五章

案例分析

为进一步佐证本书的研究假设，本章选用了三个较具典型性的平台企业作为案例进行研究。首先对案例公司进行了简要介绍。其次从战略联盟、盈利模式、生态系统和价值共创四个变量角度及其维度对公司的现状进行分析，并对公司在战略联盟、盈利模式、生态系统和价值共创四个方面取得的成效进行剖析。最后比较三家公司所取得的成果。

第一节　小米公司案例分析

本节对小米科技有限责任公司（以下简称小米）进行了具体介绍。首先，对公司的大致情况进行介绍。其次，从战略联盟、盈利模式、生态系统、价值共创四个方面描述公司的现状，其中，战略联盟包括契约治理及关系治理两个方面，盈利模式包括降本增能及业务增长两个方面，生态系统包括信息共享及动态能力两个方面，价值共创包括资源整合及价值创造两个方面。最后，本节还通过小米的相关资料对本书提出的假设进行了验证，并对效果进行了分析。

一、企业简介

小米成立于2010年，以研发生产电子产品和智能配件为主，是一家具有创新能力的全球化移动互联网企业。小米以提供创新的智能硬件和互联网服务而闻名，并致力于为人们带来高品质、高性价比的产品。小米始终将用户需求放在首位，并追求卓越的用户体验。小米坚信技术创新是推动社会进步的关键，因此不断投入研发和创新，为用户提供更加智能、便捷的产品和服务。

小米的使命是通过创新将先进的技术普惠于全球用户，让每个人都能享受到科技带来的便利和乐趣。小米始终坚持"真诚和热爱"的核心价值观，并以"追求卓越，做有情怀的公司"为经营理念。作为一家移动互联网公司，小米既注重硬件产品的研发和制造，又致力于软件和互联网服务的开发。小米手机是小米最著名的产品之一，采用了高性能的处理器、高清摄像头和创新的设计，深受消费者的喜爱。除了智能手机，小米还推出了许多智能硬件产品，如智能电视、智能家居设备、智能手环等，这些产品以其高品质、高性能和具有竞争力的价格而备受关注。小米同时也是一家互联网公司，通过提供云服务、社交网络和移动应用等，为用户提供全面的数字生活体验，其生态链企业也在不断发展壮大。

小米致力于打造全球领先的智能硬件和互联网服务品牌，并积极拓展国际市场。目前，小米已经在全球多个国家和地区设立了分支机构，并与合作伙伴共同推广其创新产品。未来，小米将继续致力于打造高品质、高性价比的产品，不断超越自我，成为全球领先的科技创新企业。

二、企业现状

为了便于研究平台企业战略联盟、盈利模式、生态系统及价值共创之间的关系，本节从战略联盟、盈利模式、生态系统及价值共创四个方面描述小米的现状。

（一）战略联盟

对小米的战略联盟的现状描述主要从契约治理及关系治理两个方面展开。

第一，契约治理。既有苹果公司、三星电子等国外强势品牌，又有国内新兴品牌的背景下，为了应对残酷的市场竞争，小米在保持自身内部积累和增强核心竞争力的基础上，与许多伙伴企业在多个方面展开合作，形成了独特的模式。从小米的成长模式来看，它成功地实现了战略联盟与公司发展能力的匹配。

小米以开放式创新为基础，通过合作联盟与多种类型的组织合作，实现资源集成目标，形成多样化的利益相关者合作网络。小米与其他企业、高校合作进入手机市场，并扩大了业务范围，涉足新领域——空气净化器，并尝试整合不同的技术资源。

在小米成立之前，其创始人进行了同行业的信息搜索，深入调查移动互联网和电子商务，并访问各个手机厂商，最终认识到移动互联网是行业的大趋势。小米的创始人还深入研究了国外同行的手机社交软件运营模式，并将相关知识应用于自己的手机社交软件开发中；同时，也关注了跨行业的相关信息、知识和主流技术。小米通过跨界搜索加入谷歌公司的安卓开放平台，获取手机操作系统的主流技术；借鉴微软公司 Windows 操作系统内置软件的创新方法，开发了自己的手机操作系统。

为了改善小米和供应商之间的依赖关系，建立了战略伙伴联盟，采取多样化的供应商选择并准备替代方案，当供应商在业务能力和应变能力上存在不足时，小米就会在市场上寻找其他供应商替代。为保证资金链的充足，采用循环性的生产和销售方式，即提前生产近期销售所需数量的产品、在销售量达到一定水平时再投入生产。

第二，关系治理。众所周知，在小米的发展过程中，"发烧友"起着非常重要的作用。"发烧友"对产品表现出浓厚的热情，小米建立了一套合理的机制来保护和激发这种热情，为产品设计提供支持。

小米建立了优秀的内部团队，根据相关资料，小米拥有 14513 名员工，其中 13935 人位于中国大陆，主要驻扎在北京总部，其余分布在我国的台湾、香港地区，以及印度和印度尼西亚。小米尽管是一家资产庞大、规模庞大的企业，却采取了轻量级管理策略，推行组织结构扁平化、去除关键绩效指标（KPI）和无幻灯片演示文稿（PPT）的管理理念。

小米致力于实现扁平化组织架构，并将其优势发挥到极致。小米的七位核心创始人各自负责不同的业务领域，并直接与基层工程师进行沟通交流，第一时间了解产品的性能。小米的扁平化管理方式还体现在例会少、决策快上，最显著的特点是依托高度信息化的基础设施构建起来的扁平化模式。内部交流通常通过内部聊天交流平台进行，而不是依赖集体大会。而产品推广则借助微博、官方商城等渠道进行。

小米以普通员工为核心，除了七位创始人，其他员工都被称为"工程师"。为了减少员工对扁平化管理的抵触情绪，小米下放权限，信任一线员工根据具体情况做出的正确判断。同时，强调员工的主人翁意识，不实施强制打卡和关键绩效指标（KPI）考核制度。此外，还建立了透明的利益分享机制，并且成立之初就实行了全员持股、全员投资计划。

（二）盈利模式

小米是一家自主研发智能手机的互联网公司，秉承科技改变生活的口号，在十年内，升级为一家市值过百亿美元的中国第四大互联网企业。初期，面对不利的市场环境，小米坚持做高性价比的产品。而后手机市场竞争达到白热化，小米发现单纯依托于粉丝群不足以吸收大量用户，需在现有粉丝基础上拓宽产品范围，形成手机周边、智能硬件、生活耗材的三层生态链，并开始用智能硬件提前布局 IoT，为实现"物与物"的连接做铺垫。在发展后期，小米将致力于构建万物相连的物联网系统，顺应大物联网趋势的"AI+IoT+5G"的盈利模式，这是企业生态链盈利模式的又一次升级。从最初到现在，小米的盈利模式始终在不断地完善，推动了公司盈利能力的发展和盈利水平的提升。

对小米盈利模式的现状描述主要从降本增能及业务增长两个方面展开。

第一，降本增能。小米与合作伙伴共同实现降本增能。为了在生产制造领域取得成本优势和实现大规模生产，小米与富士康科技、英华达科技建立了合作关系，使公司能够推出具有高性价比的手机产品，并在成本方面领先于中小厂商的单独生产。

通过与新浪和腾讯的营销战略联盟，小米的总交易费用占营业额的比例不到 2%，大大超过同行业水平。借助与两个互联网巨头的合作，小米的各类产品在线上平台市场中一直保持领先地位，也增强了与用户的互动和情感交流，提高了客户黏性和重复购买率。

在传统分销体系中，渠道成本是一个重要的因素，层层代理制度使最终消费者得到的价格通常会溢价 30% 甚至更多。小米产品销售的 70% 通过其官网、天猫旗舰店、京东商城等线上渠道直接送到消费者手中，省去了中间环节，从而节约了渠道成本，为小米在创业初期获得高性价比产品和成本领先优势起到了极大的推动作用。

在内部价值链方面，为了展开基于内部价值链的战略成本管理，小米将内部价值链划分为研发、采购、生产、营销与销售环节，并将库存管理作为重要补充。在研发环节，小米通过公众参与开发的方式节省了一大笔开支，但整体的研发投入比例较低，申请的专利数也相对较少。在采购环节，小米控制购买价格和数量以降低采购成本，选择价格较低的供应商，并从零部件库存量和生产环节着手，随用随买，避免库存积压。然而，这种采购方式加大了对供应商的监管难度。在生产环节，通过业务外包，小米将生产环节交付给英达华、富士康等企业，减少了在工厂建设、生产线维持、固定资产购买等方面的成本投入。然而，这也导致小米的研发力量不足，用户体验无法达到最优。在销售环节，小米实现了零售环节的产品直供，配套的移动电商与互联网物流运营管理体系改变了传统供应链模式，提高了供货效率，避免了不必要的销售费用。然而，在激烈的竞争环境中，小米对媒体广告的投入还有待提升。在售后服务环节，小米的设备维修周期过长，导致消费者对售后服务不满。此外，小米的维修点主要集中在一线城市，二、三线城市维修点不足，与其主要消费者所在地区存在差异。

在外部价值链方面，小米为了满足供应商价格较低且质量过硬的要求，需要寻找有质量保证的厂商作为零部件供应商，并与其建立长期的战略合作伙伴关系。然而，符合要求的供应商并不多，导致小米与各供应商的合作时间无法长久。目前，小米的专利项目相对较少，尤其是在硬件及设计方面过度依赖于外包业务。因此，小米应该加强自身研发能力，在硬件及设计方面增加专利项目，并降低对外包业务的依赖。为了保持市场份额和竞争优势，小米不能仅仅通过削减宣传和售后服务的投入来降低成本。同时，小米当前采用的销售方式主要包括前期饥饿营销、中期限时抢购以及后期的公关造势等，这些方式只适用于产品的早期宣传，并不适合现在的市场竞争环境。

第二，业务增长。小米实施多元化战略，致力于实现多业务的增长，进而提升企业利润。结合小米的多元化发展历程，实施多元化战略有助于减少市场波动对企业的影响，并带来利润增加，从而使销售毛利保持稳定增长。具体而言，小米增加了 IoT 与生活消费产品以及互联网服务这两个新的利润来源，它们的毛利增长速度较快，推动了整体销售毛利率的提高。此外，小米的营业利润率出现了急剧下降，主要是因为销售推广开支和研发费用的大幅增加，在进军新领域时，企业不得不面对高额花销。随着获得大批的粉丝积累，小米开始探索更完善的盈利模式，并顺应大物联网的未来趋势打造生态链。小米通过围绕手机周边产品如耳机、移动电源等进行投资，利用供应链优势生产优质产品，同时孵化智能硬件如电饭煲、电视、路由器等，进一步实现物与人的互动。在未来消费红利的背景下，生活耗材的需求逐渐增加，小米通过推出 App 上的毛巾牙刷等生活用品，增加客户对小米生态的黏性。生态链与小米核心产品手机相关联，使生态链企业共享小米的客户群体和销售渠道，同时，通过发展新技术，生态链企业也为小米注入了长久的生机和活力。

（三）生态系统

对小米生态系统的现状描述主要从信息共享及动态能力两个方面展开。

第一，信息共享。小米在研发、市场、销售和服务等过程中，注重用户的参与。这种参与感与实践社区所需的活力感有相似之处。初创时期，小米手机的成功在很大程度上归功于小米管理者在互联网圈内多年积累的人脉和影响力，以及小米对粉丝团的定位。小米首先根据产品特点，将用户定位为发烧友、极客的社交圈子，吸引了一批铁杆粉丝，进而逐步扩大影响力。在积累了一定规模的粉丝之后，小米根据其需求设计相关产品，并进行小规模内测，让狂热的粉丝参与其中。领先用户（第一批用户）在使用工程机时，会向小米的客服和设计部门提供反馈意见。这样一来，用户的意见可以直接影响产品的设计和性能改进，使产品快速完善，并进行大规模推广和销售。

小米实现信息共享的方式有两种：首先是通过反馈信息。在 MIUI 讨论区，顾客经常自发地反馈产品使用感受和需求信息，这些反馈指导研发团队进行后续功能改进。为了确保与用户的直接沟通，小米要求所有研发人员必须每天上论坛，这在其他公司可能被视为泄密风险，但实际上，小米通过论坛建立了一个约 10 万人规模的庞大的互联网开发团队。同时，借助社交媒体，小米能随时与用户互动，不断改进产品。因此，客服部门不再是仅仅承担问题解答和成本管理的角色，而是成为与研发部门关系密切、一同创造利润和价值的部门。事实上，小米产品中约有 1/3 的改进意见来自用户。其次是通过分享经验促进用户了解产品。社区内的不同板块版主定期交流板块信息，老用户经常分享产品使用心得，为新用户提供参考。信息在用户和企业之间进行互动，实现共享。

第二，动态能力。小米通过流行感知和领先用户的精准定位，以及主流手机操作系统的二次开发、手机社交软件的开发和企业手机产品的开发，展现了出色的机会识别和开发能力。同时，小米利用互联网社区了解用户的产品偏好，并让用户参与研发过程，共同开发手机，进一步探索和开发商业机会。在准备开发手机产品之前，小米通过机会识别了解智能手机市场的发展情况，发现国际品牌手机定位于高端市场，价格昂贵，而国内手机需求日益增长，并对价格较为敏感，同时，追求高性能的用户需求没有得到及时满足，市场上缺乏低价格、高性能的智能手机。这便为小米提供了机会。

小米具备较高水平的机会感知和把握能力，通过降低内外部的不确定性来应对风险。对于外部风险，小米谨慎地推进多元化进程。在全球化浪潮仍存在不确定性的情况下，小米进行谨慎的全球化扩张。对于内部风险，小米在现有的多元化战略的基础上进行权变分析，及时调整多元化战略，以实现组织战略的匹配，确保多元化战略的实施绩效。

小米致力于有效利用 VRIN（价值性、稀缺性、不可模仿性、不可流动性）资源，具备较高水平的内外部资源利用能力。小米深知企业绩效和可持续竞争优势不仅取决于企业内部有价值、稀缺、不可模仿、不可替代的资源的数量，还取决于如何配置和有效利用这些资源。在多元化情境中，企业内部VRIN资源的配置是决定企业多元化绩效的关键。因此，在培育内外部VRIN资源的基础上，小米应注重对其内部资源进行有效配置，以实现横向多元化和不相关多元化的战略效果，通过多业务部门、多市场的方式提升企业绩效。基于对小米多元化战略实施现状的分析，小米在新时期的多元化实施过程中，除了培育有价值、稀缺、不可完全模仿、不可替代的内部资源，还要注重有效利用这些资源，从而构建可持续竞争力。

小米致力于提升核心业务能力，以增强企业的核心竞争力。除了开发新能力、形成VRIN资源并有效利用，小米还要加强自身的核心业务能力，特别是在手机业务领域进行持续研发和营销的能力。这样一来，小米就能够为多元化战略奠定坚实的基础，并保障企业的持续稳健经营。

此外，注重树立终身学习的观念，这是小米企业文化的重要体现。小米希望通过提高终身学习意识，不断提升管理水平、技术水平和创新能力，真正做到与时俱进，以应对市场发展需求。

（四）价值共创

对小米价值共创的现状描述主要从资源整合及价值创造两个方面展开。

第一，资源整合。小米创造性地培育VRIN资源，目前在小米内部存在着一些价值高、稀缺且无法完全模仿和替代的资源，其中包括企业文化以及内部的"米粉"文化。同时，小米在多元化企业中的"生态链"布局设计是独特且难以复制的。因此，小米目前的战略实施已经得到了组织内部的VRIN资源的支持。然而，在技术迭代加速和新兴科技不断涌现的时代，小米想要在新时期的多元化战略实施中取得良好的绩效，就需要在企业内部培育更多具有创新性、价值高、稀缺且无法模仿和替代的资源，以确保小米战略的实施绩效。

为了构建资源配置壁垒,提升小米的绩效和盈利能力,在长期发展中,小米内部的各种资源可能会因市场环境和技术环境的变化而失去其价值。因此,企业的可持续竞争力不仅来自内部资源,还来源于内部那些有价值、稀缺且无法模仿和替代的资源的有效组合。保障企业内部资源的配置和利用的有效性是小米战略有效实施的首要问题,这将有助于其开拓多元化市场,最终获取投资绩效和利润。因此,小米应该构建资源配置壁垒,形成有效的资源整合,以实现有效的战略实施效果,提高小米的绩效和盈利能力。

同时,小米还非常注重技术资源的整合。通过合作研发、并购等方式,小米从外部引入了优质的技术资源,以提升产品的技术特性和企业的技术创新能力。例如,收购了用户体验设计公司 RIGO Design、北京多看科技有限公司、MSNLite 客户端以及一系列互联网公司,如迅雷、金山、猎豹、九安医疗和智谷等。

第二,价值创造。在竞争激烈的市场中,小米的竞争对手长期致力于将不低于销售收入的 10% 用于技术研发。相比之下,小米一直在营销方面投入较大,而在技术方面的投入相对较少。然而,科技体验也是产品性价比的重要组成部分。因此,小米越来越意识到除了参考硬件价格定价,还应该加入科技元素,以确保有更多的利润空间。随着小米手机系列的成功和其在该领域的领导地位,小米不仅积累了丰富的技术经验和行业领先的专利,还完成了技术与品牌的整合,逐渐赢得了用户对极简设计理念的认可。2016 年,凭借良好的口碑和技术实力,小米推出了全新的系列手机。这些手机采用了 MIX 系列全面屏概念,依托超高屏占比和无按键设计,引领了主流手机市场的创新方向。此外,小米还采用了全新的调整方式和整机组装方式,并首次引入了柔性环绕屏指纹技术。新推出的手机具备超高分辨率、超高像素和超大传感器规格,在 10 亿像素的门槛上取得了突破。

为了保持核心技术资源的竞争优势并实现竞争壁垒,小米不仅着力保持自身核心技术资源的优势，还通过国际专利并购等战略手段进一步加强了这一优势。2018—2022年，小米已经获得了70多项国外发明专利，并积极进行自有芯片的研发工作。

小米运用了亚马逊的销售渠道和社交媒体营销模式，将小米的产品在线上销售。通过MIUI论坛积累了一批用户，并利用微博话题进行营销以提高品牌知名度。在小米创业初期，小米就在论坛上吸引了一批粉丝，并与他们保持着密切交流。小米的工程师不仅负责技术开发，还担任客服角色，及时解决粉丝提出的意见和问题。他们深知，只有设计出用户喜欢的产品，才能算是好的产品。

同时，小米围绕用户需求而设计开发了MIUI系统，这也吸引了许多人对小米手机产品的喜爱。MIUI系统的整体界面和操作非常人性化，例如首次引入国内地铁乘车NFC支付功能，借助手机即可方便搭乘地铁，无需携带实体卡片。此外，MIUI系统还持续根据用户需求不断改进和升级。可以说，用户的需求成就了企业，而企业则满足了用户。小米的团队与用户之间建立了亲切的关系，就如同朋友一般。小米逐渐明确了产品定位，并将早期产品锁定在30岁以下敏感消费者群体上。小米注重产品的工艺、款式和品质，并根据不同的市场需求进行调整。

为了树立良好的口碑，小米将营销战略归纳为"三三法则"，包括"三个战略"和"三个战术"。其中，"三个战术"包括开放参与节点、设计互动方式和扩散口碑事件。开放参与节点指的是将产品、服务和品牌销售过程对用户开放，筛选出双方都能获益的关键节点，激活用户的兴趣点，让用户参与其中并贡献知识。设计互动方式是根据开放节点的特点进行的相应设计，不断改进互动方式，使其成为实践社区中的常规做法。扩散口碑事件则是先筛选出第一批对产品认可度高的用户，进行小范围参与，将基于互动产生的内容制作成话题，作为可传播的事件，影响更多人参与。同时，这也放大了参与用户的成就感，形成螺旋扩散效应，对前期知识进行应用和验证。

三、假设验证

为进一步验证战略联盟、盈利模式、生态系统与价值共创之间的关系，本节利用小米的实际情况对战略联盟、盈利模式、生态系统与价值共创四者之间的关系进行相关验证。

（一）战略联盟、盈利模式与价值共创

本书提出的关于战略联盟、盈利模式与价值共创的假设包括战略联盟对价值共创具有显著的正向影响，盈利模式对价值共创具有显著的正向影响。其中，在战略联盟层面，契约治理对价值共创具有显著的正向影响，关系治理对价值共创具有显著的正向影响。在盈利模式层面，降本增能对价值共创具有显著的正向影响，业务增长对价值共创具有显著的正向影响。

首先是战略联盟对价值共创具有显著的正向影响。小米在保持自身内部积累和增强核心竞争力的基础上，与许多伙伴企业进行战略联盟，在多个方面展开合作，形成了独特的模式，成功地实现了战略联盟与公司发展能力的匹配。为了改善小米和供应商之间的依赖关系，建立战略伙伴联盟，采取多样化的供应商选择并准备替代方案。同时，小米采用扁平化的组织架构，并将其优势发挥到极致。小米的七位核心创始人各自负责不同的业务领域，并直接与基层工程师进行沟通交流，以第一时间了解产品的性能。此外，为了减少员工对扁平化管理的抵触情绪，小米下放权限，信任一线员工根据具体情况做出的正确判断。同时，强调员工主人翁意识，不实施强制打卡和关键绩效指标（KPI）考核制度。因此，战略联盟对价值共创具有显著的正向影响，其中，契约治理对价值共创具有显著的正向影响，关系治理对价值共创具有显著的正向影响。

其次是盈利模式对价值共创具有显著的正向影响。在降本增能上，小

米的盈利模式不断完善，推动了公司盈利能力的提高和盈利水平的提升。小米与合作伙伴共同实现降本增能。为了在生产制造领域取得成本优势并实现大规模生产，小米与富士康科技、英华达科技建立了合作关系。通过与新浪和腾讯的营销战略联盟，小米的总交易费用占比不到营业额的2%，大大低于同行业水平。同时从内外部价值链两方面努力实现降本增能，在内部价值链方面，为了展开基于内部价值链的战略成本管理，小米将内部价值链划分为研发、采购、生产、营销与销售环节；在外部价值链方面，为了满足供应商价格较低且质量过硬的需求，即寻找有质量保证的厂商作为零部件供应商，并与其建立长期战略合作伙伴关系。在业务增长上，小米增加了IoT与生活消费产品以及互联网服务这两个新的利润来源，它们的毛利增长速度较快，推动了整体销售毛利率的增加。随着获得大批粉丝的积累，小米开始探索更完善的盈利模式，并顺应大物联网的未来趋势，打造生态链。因此，盈利模式对价值共创具有显著的正向影响，其中，降本增能对价值共创具有显著的正向影响，业务增长对价值共创具有显著的正向影响。

（二）战略联盟、盈利模式与生态系统

本书提出的关于战略联盟、盈利模式与生态系统的假设包括战略联盟对生态系统具有显著的正向影响，盈利模式对生态系统具有显著的正向影响。其中，在战略联盟层面，契约治理对生态系统具有显著的正向影响，关系治理对生态系统具有显著的正向影响。在盈利模式层面，降本增能对生态系统具有显著的正向影响，业务增长对生态系统具有显著的正向影响。

首先，战略联盟对生态系统具有显著的正向影响。企业在联盟中的参与，促进了其上下游企业的发展，对共建相关行业的生态具有一定的促进作用。联盟的共同作用使得小米所处的生态系统中的信息资源更加丰富。企业与联盟成员企业之间建立稳固的契约合作关系，使企业能够在相对稳

固的生态中发展。面向联盟伙伴，企业相关平台已经开放全面、领先的 AI 能力，在用户侧与业务侧全方位助力联盟伙伴受益。企业面向开发者全面开放相关工具，帮助联盟伙伴全面满足用户需求，把握用户完整生命周期。这也使得企业与联盟伙伴之间保持着相对良好的关系。因此，战略联盟对生态系统具有显著的正向影响，其中，契约治理对生态系统具有显著的正向影响，关系治理对生态系统具有显著的正向影响。

其次，盈利模式对生态系统具有显著的正向影响。小米将致力于构建万物相连的物联网系统，顺应大物联网趋势的"AI+IoT+5G"的盈利模式，这是企业生态链盈利模式的又一次升级。小米的盈利模式不断完善，推动了公司盈利能力的提高和盈利水平的提升。这样的良好循环使得企业在生态系统中所起的作用越来越大，对生态系统的构建做出贡献的同时，也能够从生态系统中获取更多的资源，并提升自身的动态能力。

因此，盈利模式对生态系统具有显著的正向影响，其中，降本增能对生态系统具有显著的正向影响，业务增长对生态系统具有显著的正向影响。

（三）生态系统与价值共创

本书提出的关于生态系统与价值共创的假设为生态系统对价值共创具有显著的正向影响，其中，信息共享对价值共创具有显著的正向影响，动态能力对价值共创具有显著的正向影响。

小米主动向社会披露社会责任等信息。这种主动披露信息的行为及其主动承担社会责任的行为，为企业树立良好的社会形象奠定了基础。用户信任小米及其所提供的产品及服务，就会为促进小米的发展提供良好的条件。在业务精进中，小米的管理层及其创新技术也能够得到锻炼，进而使得其动态能力得到增长，使企业在不断提高自身的技术能力的同时也在不断提升自身的开放能力，为行业赋能，从而带动技术在现实生活中更大范围、更广领域的落地，推进 AI 在商业化道路上走得更稳更快。因此，生态系统对价值共创具有显著的正向影响，其中，信息共享对价值共创具有显著的正向影响，动态能力对价值共创具有显著的正向影响。

（四）生态系统的中介作用

本书对生态系统的中介作用做出的假设包括生态系统在战略联盟与价值共创之间起到中介作用，生态系统在盈利模式与价值共创之间起到中介作用。

首先，生态系统在战略联盟与价值共创之间起到中介作用。小米在研发、市场、销售和服务等过程中，注重用户的参与，小米根据用户的需求设计相关产品，并进行小规模内测，让狂热的粉丝参与其中。小米建立了一套合理的机制来保护和激发这种热情，为产品设计提供支持，七位核心创始人各自负责不同的业务领域，并直接与基层工程师进行沟通交流，以第一时间了解产品的好坏。领先用户（第一批用户）在使用工程机时，会向小米的客服和设计部门提供反馈意见。这样一来，用户的意见可以直接影响产品的设计和性能改进，使产品快速完善，并进行大规模推广和销售，优化企业生态系统，进而使得企业能够更好地与用户展开交流与合作。因此，生态系统在战略联盟与价值共创之间起到中介作用。

其次，生态系统在盈利模式与价值共创之间起到中介作用。小米发现单纯依托于粉丝群不足以吸收大量用户，需要在现有粉丝基础上拓宽产品范围，形成手机周边、智能硬件、生活耗材三层生态链，并开始用智能硬件提前布局 IoT（物联网），为实现"物与物"的连接做铺垫，推动公司盈利能力的提高和盈利水平的提升，不仅直接使得企业降本增能，还为企业的业务增长奠定了一定的基础。盈利模式的成熟促进生态系统的优化，进而促进价值共创。因此，生态系统在盈利模式与价值共创之间起到中介作用。

四、效果分析

小米作为一家拥有互联网核心技术的科技公司,其所研发的产品在市场上的应用范围相当广泛。小米的研发团队所掌握的先进技术是其进步发展的重要基础,使得小米成为高科技企业。小米与众多企业拥有良好的合作关系,联盟的成立使得相关成员企业的利益得到增长,也使得企业自身能够拥有较好的发展能力。小米致力于开放式创新,通过合作联盟与多种类型的组织合作,实现资源集成目标,形成多样化的利益相关者合作网络。并且,通过一系列举措降低了盈利成本。同时,良好的生态系统也促进了企业的发展。

第二节 科大讯飞案例分析

本节对科大讯飞股份有限公司(以下简称科大讯飞)进行了具体介绍。首先,对公司的大致情况进行介绍。其次,从战略联盟、盈利模式、生态系统、价值共创四个方面描述公司的现状,其中,战略联盟包括契约治理及关系治理两个方面,盈利模式包括降本增能及业务增长两个方面,生态系统包括信息共享及动态能力两个方面,价值共创包括资源整合及价值创造两个方面。此外,本节还通过科大讯飞的相关资料对本书提出的假设进行了验证,并对效果进行了分析。

一、企业简介

科大讯飞是一家智能语音和人工智能企业,也是国家级骨干软件企业。长期以来,科大讯飞致力于智能语音及语音技术研究、自然语言理解、计算机视觉等核心技术的研究开发及应用,拥有国际前沿的科技水平。科大讯飞的业务主要涉及教育、智慧城市、开放平台、运营商、智慧汽车、智慧医疗、智慧金融、AI 营销等领域。科大讯飞的 AI 核心技术国际领先，涵盖了语音识别、语音合成、外语测评、自然语言处理、人脸及声纹识别等。

纵观科大讯飞在教育领域的发展历程，初创时主打技术产品运营；上市后，科大讯飞的教育产品亮点在于普通话口语测评技术；紧接着科大讯飞在教育领域的业务逐步向 B 端及 C 端延伸；截至目前，科大讯飞的智慧教育业务体系涵盖了 G 端的因材施教解决方案、B 端的英语听读考试、C 端的 AI 学习机等。在教育领域，科大讯飞以其强大的语音技术和人工智能算法，推出了一系列智能教育产品和服务。这些产品包括智能语音助教、在线学习平台、智能评测系统等，可以帮助教师和学生提升教学和学习效果，实现个性化教育。在医疗领域，科大讯飞基于语音识别、自然语言处理和机器学习等技术，开发了智能医疗解决方案。这些解决方案包括智能问诊助手、医学影像分析系统、医药知识库等，可以提高医疗服务效率和质量，辅助医生做出准确的诊断和治疗决策。科大讯飞还在金融、出行、安防等领域推出了一系列人工智能产品和解决方案，帮助企业提升运营效率、改善用户体验。

科大讯飞秉持"成就客户，一切围绕为客户创造价值"的价值主张，始终坚持源头核心技术创新，荣获国家多项荣誉，同时科大讯飞研究院被评为十大具有技术创新力和引领力的人工智能研究院之一。

除了在国内市场的领先地位，科大讯飞也在国际舞台上崭露头角。科大讯飞积极拓展海外市场，与全球众多企业和机构合作，推动人工智能技术在全球范围内的应用和普及。

科大讯飞取得如此成绩，与其各方面的管理密切相关。其中，人力资源作为企业重要的战略资源，能够充分发挥其主观能动作用，加之优异的人力资源管理及激励保障措施，保证了科大讯飞在组织管理层面上的发展与进步。科大讯飞始终坚持自主创新，注重人才培养和团队建设。公司拥有一支由顶尖科学家、工程师和专业人才组成的研发团队，不断进行前沿技术研究和创新实践。同时，科大讯飞也非常注重人才的吸引和培养，致力于打造一个开放、包容和创新的工作环境。

作为中国人工智能领域的领军企业，科大讯飞在推动人工智能技术的发展和应用中发挥着重要的作用。未来，科大讯飞将继续致力于创新和合作，为推动人工智能技术的进一步发展做出贡献。

二、企业现状

为了便于研究平台企业战略联盟、盈利模式、生态系统及价值共创之间的关系，本节从战略联盟、盈利模式、生态系统及价值共创四个方面描述科大讯飞的现状。

（一）战略联盟

对科大讯飞战略联盟的现状描述主要从契约治理及关系治理两个方面展开。

第一，契约治理。中国企业级 HTML5 产业联盟由云适配发起，由科大讯飞等七家全球知名企业及研究机构共同成立。该联盟在工业和信息化部及国际互联网标准联盟 W3C（中国）的指导下，依托于数据中心联盟运营。相较于传统技术开发方式，HTML5 具有许多明显优势，如跨平台和解决信息孤岛问题等。作为一家专注于语音语言和人工智能的公司，科大讯飞认识到在企业移动化应用环境下，智能语音交互模式具有广阔的应用前景。通过对 HTML5 的探索，科大讯飞与产品链上下游企业进行更广泛的合作，以更好地为客户提供服务。

然而，自 2019 年以来，国内人工智能企业面临着巨大的发展阻力。由于被美国政府列入实体清单，科大讯飞不得不脱离美国供应链体系并转向国产供应链。这也给技术突破、市场竞争和战略联盟带来了许多问题和挑战。因此，科大讯飞与浪潮集团形成了一种技术互补的关系，它们的战略联盟旨在整合更多的 AI 技术创新产品和应用。在 2019 年年底，科大讯飞与浪潮集团签订了战略合作协议，将彼此视为技术创新的战略伙伴。

此外，科大讯飞作为中国人工智能领域的领导者，致力于推动人工智能的发展，并积极参与学术研究和产业合作。科大讯飞与国内外多所高校、科研机构以及行业协会建立了广泛的合作关系，共同推动人工智能技术的创新和应用。同时，科大讯飞还不断加强自主研发，并与清华大学合作建立联合实验室，这使他们在嵌入式中文语音识别核心技术方面处于业界领先水平。语音产业在核心技术层面的进入壁垒很高，而科大讯飞具有核心技术优势，有效地与其他潜在竞争企业保持距离，这使科大讯飞在语音识别领域拥有独特的竞争优势，并巩固了其在人工智能领域的领导地位。在技术驱动的人工智能行业中，持续的技术创新是科大讯飞不断发展的基础保障。

第二，关系治理。科大讯飞在选择合作伙伴时有一定的标准，强调寻找能力和核心资源方面具有强互补性的伙伴。与高校、科研机构、客户和投资方建立强大的生态关系是公司发展的前提。在生态系统构建的不同阶段，科大讯飞对合作伙伴的选择有所侧重。在初创期，科大讯飞主要与高校和科研机构合作，既保持了自主创新者的身份，又成为语音核心技术的资源整合者。随着科大讯飞的发展，它们在不同领域与更多高校和科研机构合作，并在创新联盟中占据核心地位。来自科研机构的源头技术资源对于科大讯飞构建生态系统至关重要。科大讯飞坚持为用户提供优质的智能语音服务，与客户、供应商和合作伙伴达成新的价值主张，建立合作、共享、协同、有机共生的生态化关系。这种生态关系不仅拓展了科大讯飞的业务领域，带来了更多的收入，更重要的是，在这种生态化的关系中，生态伙伴的需求也为科大讯飞的产品创新提供了方向。

科大讯飞于 2023 年 5 月 6 日正式发布了星火认知大模型，并进行了现场实测。这一大模型具备七大核心能力，包括文本生成、语言理解、知识问答、逻辑推理、数学能力、代码能力和多模态能力。同时，科大讯飞还发布了四个行业应用成果，涵盖教育、办公、汽车和数字员工。作为新一代认知智能大模型，科大讯飞的战略体系采用了"1+N"的布局。其中，"1"指的是通用认知智能大模型，而"N"则是应用于教育、医疗等多个行业的应用成果。这一布局旨在将多元能力与垂直场景相融合。目前，科大讯飞已向行业合作伙伴和开放平台开发者开放了星火认知大模型的预约。科大讯飞与合作伙伴保持着良好的交流与互动，以帮助合作伙伴切实解决问题。

此外，在保持自身核心技术领先地位的同时，科大讯飞也在全球范围内不断吸引高学历和高科技人才。科大讯飞深知激励对于员工积极性和主动性的重要作用，因此致力于完善激励措施，并建立了多元化的绩效考核与激励机制。针对不同类型和性格的员工，科大讯飞匹配不同的激励方式以达到最佳激励效果。例如，建立公平公正的绩效考核体系，形成了双方评价、公平透明的绩效考核制度，让员工能够清楚地认识到自己的工作责任和自身能力的匹配度，从而对他们的长期持续进步起到一定的促进作用；根据自身业务状况以及员工具体情况，建立了完善的薪酬激励机制；科大讯飞在薪酬设计上，提倡以付出和贡献为导向，引导员工通过自己的努力，真正体会到企业业务发展所带来的好处，并且，科大讯飞制定了清晰的薪酬结构，遵循差异化原则，针对不同职级的科技人员，制定不同的薪酬等级，让每位员工都感受到个人付出与薪资水平之间的关系，具有共创共享的特点；科大讯飞采取将股份权益分发给个人的方式，强化员工与企业之间的连接纽带，拉近组织与员工之间的关系，形成利益共同体，实现组织与员工的利益共创共享，以此鼓励他们和企业共同进步、一起发展，从而达到促进公司长远稳健发展的战略目标。科大讯飞为进一步提高员工的积极性、忠诚度，完善企业的激励机制，实现企业员工与企业的共同发展，建立起共创共享的股权激励机制。

（二）盈利模式

对科大讯飞盈利模式的现状描述主要从降本增能及业务增长两个方面展开。

第一，降本增能。为了实现降本增能的目标，科大讯飞建立了完善的财务共享中心。财务共享中心在短时间内从传统功能发展到智能化，并发挥了相当大的作用。财务共享中心不仅提高了会计核算效率，还注重管理智能化。科大讯飞在建立智能化财务共享中心后，通过数据自动传输系统将分公司和其他利益关联方的财务业务处理集中于此，极大地提升了财务工作效率，智能化、便捷化的财务流程也降低了企业内部的运营成本。

为了降低成本，科大讯飞财务共享中心采取了两个方面的措施。一方面，科大讯飞将企业所有财务岗位集中，并利用智能机器人、AI扫描等高新技术处理一部分重复性和高难度的财务工作，从而释放了大量财务人力资源，使企业在人力成本方面节省了开支。智能化财务共享中心并不需要大量高质量的人才，因为它主要以智能化为主，可以实现自动化财务办公，大部分财务处理业务只需输入相应的程序代码，系统就能自动运行。因此，财务共享中心只需少数财务人员进行程序和业务管理。通过智能化管理，企业的管理能力得到提升，财务服务成本降低，不再仅依赖于财务管理人员的人工管理。另一方面，科大讯飞成立财务共享中心后，由于财务处理流程更加智能化和自动化，核算会计的劳动力得到释放，从而促进这些核算会计人员向财务管理方向转型发展。目前，科大讯飞财务共享中心的主要职能分为核算会计和管理会计两部分。核算会计通过智能化信息系统处理费用报销、总账、应收应付等财务活动，并进行自动化记录、审核和反馈。而管理会计则负责预算管理和绩效评估，对核算会计提供的财务数据进行分析，并规划企业未来发展。可以看出，财务共享中心的建立使企业财务职能分工更加明确，使核算会计人员向管理会计转型，避免了财务人员冗余的问题。核算会计和管理会计相互依存，只有明确分配职能，才能为企业的发展提供稳定的支持。2018年科大讯飞将智能报账机器人、财务机器人和会计机器人等高科技产品应用于财务共享服务平台，使财务工作变得精准简化、便捷高效。这释放了近30%的财务共享中心人力，直接降低了管理费用，同时加快了业务进程，优化了财务管理。企业借助技术对财务数据进行分析，发现潜在问题和隐患，并及时提供相应对策，最终推动销售业绩的稳步提升。财务共享中心的建立进一步提高了科大讯飞的资产管理水平。在资产总额不断增加、企业发展趋势良好的形势下，使管理费用得到了控制。这也证明了科大讯飞在人工智能时代成功实现了财务共享服务的飞跃，将"AI+IT"融入财务管理领域，不仅降低了管理费用，还降低了管理费用占资产总额的比重，推动了企业的高质量发展。

第二，业务增长。科大讯飞的盈利模式是基于语音识别业务展开的，在教育领域营业收入的占比较大，增长速度逐年提升，那能否将其定位为一家教育科技公司？此时仔细分析科大讯飞"平台+赛道"的商业模式就能有更加清晰的理解。其中，"平台"指的是强化开发者使用AI技术，为公司提供AI服务的媒介；"赛道"即围绕教育、医疗等领域为其提供服务支持、技术解决方案等。而科大讯飞出众的To B基因助力了其在教育领域的全面布局，占据B端教育市场有利地位后，科大讯飞拥有了更多源自学校及政府方面的资源渠道。适逢有效减轻义务教育阶段学生过重作业负担和校外培训负担政策实施，科大讯飞承接校外教育优势，逐步将校内教育作为教育赛道的又一战略节点。科大讯飞的AI核心技术、AI语音技术配合上校内外教育的协同布局，巧妙地扩大了企业的品牌效应，彰显了其"平台+赛道"的商业模式，对B端AI生态圈的搭建起到了举足轻重的作用。

（三）生态系统

对科大讯飞生态系统的现状描述主要从信息共享及动态能力两个方面

展开。

第一，信息共享。科大讯飞作为核心企业，以四大平台和加速中心为支撑，不断与系统内的多主体共享信息等资源，申请"讯飞创投"的初创企业，与生态平台中"优客工场"的合作伙伴互相扶持，为虚拟人交互平台的生态合作伙伴提供一站式虚拟人应用服务，AIUI 平台则为合作伙伴提供交互式的智能语音服务，产业加速中心集创业孵化、双招双引、强基工程、产业赋能和国际合作于一体，为推动人工智能产业生态发展发挥重要作用。科大讯飞在研制"语音合成器"时，首先将中国科学技术大学、中国科学院声学所和自动化所、中国社会科学院语言所的有关科研人员"虚拟"到科大讯飞的"联盟中心"中来，成立了临时性研究小组，并利用通信网络或研讨会等方式使这些研究小组成员相互学习，进行知识交流和合作，即把他们的知识有机集成为一个知识"容纳基地"。实践表明，由科大讯飞倡导成立的"联盟中心"起到了知识交流互动的作用，促使企业间相互学习、知识共享。

科大讯飞专门开辟了 AI 生态平台的全新模块，提供创业孵化服务和更多相关信息。例如，科大讯飞与 AA 加速器合作，利用双方在各自领域的优势，科大讯飞为开发者提供核心技术产业化的帮助，AA 加速器负责帮助创业者找准市场机会点，建立起良好的创业合作关系。同时，科大讯飞也担当风险投资者的角色，对生态体系中有良好前景的人工智能创业型企业提供资金帮助，其专门设立的产投基金已投资了多家有高成长潜力的公司，很多 AI 初创型企业，如优必选、寒武纪、商汤科技、优品互动等 AI 企业都得到了产投基金的支持。科大讯飞希望通过更广泛的合作交流，丰富生态环境，与更多的伙伴共融共创。

第二，动态能力。科大讯飞在 AI 技术与教育领域深耕多年，其中 AI 语音作为其核心技术之一，在语音识别、语义解读、自然语言处理分析及语音交互等方面表现出色，为数智化技术提供了重要支持。AI 语音的发展历程可以划分为四个阶段：萌芽阶段、起步阶段、产业化阶段和应用落地阶段。目前，AI语音技术已经进入应用落地阶段，其识别性能大幅提升，并得到了深度神经网络技术的有力支持。AI语音系统不断更新迭代，推出了具有深度学习特征的产品，这标志着AI语音技术商业化应用开始在市场上广泛覆盖。尤其是在教育行业，"无接触"的趋势促使线上直播和网络授课兴起。教育作为热门行业，在互联网普及的推动下快速实现了向"互联网+"的转型。当前，大数据、云计算和AI等技术的涌入推动了教育模式向智慧化转型发展。以直播授课中的语音弹幕为例，其背后运用了AI语音识别技术。AI+教育已经成为国内投资领域的热门，各大公司都积极布局该领域。其中，外语发音测评是最常见的应用之一。AI语音技术与教育互联是未来的趋势，科大讯飞凭借数字化技术的支持在AI语音技术领域取得了丰硕的成果，并在教育领域展开了有力的布局。科大讯飞从多个方向深入挖掘教育领域，主攻方向包括"教、学、管、评、测"五个领域，以解决用户的实际需求。通过观察科大讯飞在AI语音技术的开发升级过程可以明显看出，其"AI语音+教育"业务已经在全国教育市场布局，并且具备明确的企业定位。市场客户积累量稳步增长，因此科大讯飞的"AI语音+教育"业务商业模式对同行业具有极大的借鉴价值。

科大讯飞注重培养强大的学习能力，致力于知识的积累。为了具体化并建立"语音合成器"产品原形，临时性研究小组的科研人员在"联盟中心"这个"知识基"中进行了持续的知识交流。他们有机会通过这个平台进入对方的核心知识领域，并共同研究、共同开发，以推动新知识的创造和新产品的研制。

科大讯飞善于把握当前市场形势与环境，充分发挥自身的优势，加强自身的动态能力。在国内智能语音市场上，科大讯飞牢牢抓住了先机，市场份额不断扩大，目前已占据超过七成的份额。在教育、医疗等民生行业领域，科大讯飞同样展现出强大的人工智能技术实力。在B端市场，科大讯飞为教育领域的"双减政策"提供支持。2019年，科大讯飞与安徽蚌埠市展开合作，提出了因材施教的教育综合解决方案。该方案得到顺利实施，并于 2021 年 2 月被选为全国唯一一个教育部智慧教育示范区和 AI 推动教师队伍建设试点区。同年，科大讯飞受邀参加了全国政法智能化建设技术装备及成果展览，并展示了大数据办案平台、智慧法庭和卷宗解决方案等产品，在政法领域展现出强大的人工智能产品实力。依托自身的人工智能技术，科大讯飞推出了医疗平台，协助政府和医疗单位为广大人民提供智慧医疗服务，累计服务已超过 6 亿人次。全科医生助理已在全国各个省市广泛应用，超过 284 个区县已常态化使用，累计用户超过 1 亿人次。2021 年，科大讯飞在智慧汽车业务方面也取得了快速发展，车载语音系统和多模融合交互技术都取得了重要突破，产品覆盖了众多汽车厂商。

科大讯飞在 2010 年推出了"语音云平台"和同步上线的"智能语音输入法"体验版，以适应个人用户市场的巨大潜力。这一举措帮助科大讯飞重新进入个人消费者市场，实现了双赢效果。科大讯飞通过识别和把握机会，针对互联网用户的消费习惯，增加了语音产品中电话、短信和音乐等功能。同时，随着人工智能技术和资源的注入，"语音云"平台也逐渐演变成了"开放平台"，合作伙伴的技术能够与该平台形成互补，开发者也基于该平台不断推出各种新的应用。通过这种合作和关联，一个完整的生态系统得以形成。

（四）价值共创

对科大讯飞价值共创的现状描述主要从资源整合及价值创造两个方面展开。

第一，资源整合。科大讯飞善于重新整合自身拥有的资源。作为 AI 行业的领导者，科大讯飞一直以其核心技术研究在 AI 语音、自然语音理解分析和机器自主学习等领域占据行业领先地位。与此同时，因其主打产品在行业中的成功应用，科大讯飞的 AI 语音业务规模也一直保持稳定。科大讯飞在智慧教育领域具有明显的优势，其 AI 学习机和智能录音笔等产品展示了 AI 语音技术与教育场景的深度融合。科大讯飞推出的 AI 学习机树立了行业公认的"4+1"标准，即提供学情分析、制定学习推荐、提升语言能力、增强信心，这些标准共同致力于维护教育行业的绿色健康发展。科大讯飞将 AI 语音融入教育模式，显著提高了完成教学任务的质量和效率，其产品得到了"政府大力支持、师生喜闻乐见、家长完全信赖"，并进一步扩大了市场份额。

在教育领域，科大讯飞拥有长达 17 年的宝贵行业应用经验。其深厚的 AI 语音技术引起了教育部的关注，随后建立了战略合作伙伴关系，共同承建了教考实验室等数智化场景。多年来，在全国中考、高考等重要的考试中，科大讯飞都提供了语音测评服务。2020 年，科大讯飞进一步扩大了英语学习领域的业务。凭借领先的 AI 语音测评技术和核心技术支持，与雅思（IELTS）官方展开了合作项目，为后者提供可靠的 AI 口语练习服务。2022 年 8 月，在英语听说教学改革的背景下，科大讯飞迅速整合优质资源，并推出 AI 听说课堂 2.0 方案，将教学、考试、学习、练习和评价有机结合。该方案为英语教学提供了强大的 AI 辅助功能，为学生、教师和备考者提供了有力的帮助：学生通过该方案获得了系统化的跟读和练习体验，并获得了实时反馈的个性化学情分析；教师则可以使用互动性强的高质量教学资源和相应课件；对于备考者来说，科大讯飞拥有与国内英语考试同源的语言测评技术和资源，能够提供真实模拟考试服务。

在创立初期，科大讯飞就注重资源整合。经过调研发现，中国科学技术大学、中国科学院声学研究所和中国社会科学院语言研究所拥有科大讯飞所需的语音技术知识资源。然而，这几家机构之间的合作甚少，甚至常常因为竞争科研经费而成为对手，阻碍了我国语音技术的进步。因此，科大讯飞采取提供科研基金的方式增加其间的合作意愿，并使各方都有获取知识的可能性。同时，通过成立联合实验室的形式完成知识转化。联合实验室为各方提供了知识交流的平台，是实现知识外化的直接途径。使科大讯飞得以在进行知识关联与利用时，将这几所研究机构拥有的技术资源融入其产品和服务的开发中。

此外，在面对诸多激烈挑战时，科大讯飞意识到构建技术生态系统的重要性和必要性。为此，它积极整合内外部技术资源，提高技术研发效率，并通过技术联盟与更多主体共同进行技术开发。科大讯飞有效地发现了海内外科研机构和技术领先者所具有的知识资源，并通过成立联合实验室等方式完成了知识获取、知识转化、知识关联、知识利用和知识外化这一完整的知识转移过程。不断生产新的知识和技术，在提升了自身竞争力的同时也丰富了合作伙伴的知识储备。例如，当科大讯飞意识到手机用户对彩铃的需求不断增长时，便与三大运营商达成了合作协议，为其提供语音技术支持，使用户可以通过语音搜索的方式更换彩铃。

第二，价值创造。科大讯飞采用数字技术打造新形势，数字技术在企业组织管理尤其是人力资源管理中的应用，为企业管理的各方面工作均可带来优势与便捷。新技术的应用提高了管理部门的工作效率，简化了工作流程，为管理者带来高效、便捷。同时，新技术的实施突显了绩效激励、管理制度及测评结果的公平性，提高员工的满意度，整体提升员工的接受程度，减少不必要的纠纷。科大讯飞基于其强大的人工智能技术优势，以AI赋能，创新企业内部管理方式，使企业内部管理实现技术参与的常态化、体系化，推动形成人力资源管理的规范化运作。具体来说，科大讯飞利用讯飞听见进行线上会议及沟通，保存会前、会中、会后的全流程记录，打破会议空间固定的局限，既能够为员工提供长期有效的参考，提高工作效率；也能够运用人工智能技术，高效收集来自企业内部不同部门的信息数据，科学分析企业业务需求及运行情况，制订合理的招聘计划等。因此，科大讯飞以数字技术为手段，打造企业新发展形态，制定出"平台＋赛道"的长期发展战略。

同时，科大讯飞的发展战略塑造长期价值。在拥有自主知识产权的基础上，科大讯飞于2010年推出了面向人工智能的开放平台"讯飞"，其核心是智能语音与人机交互，为开发者提供一套完整的人工智能解决方案。截至2022年5月31日，讯飞开放平台共推出了493个AI产品和功能，汇聚了由337.3万名开发者组成的人才队伍，应用数量超150.1万个，终端设备数量超35.1亿个，AI大学堂学员总量达到69.9万人次，链接超过420万个生态伙伴，以科大讯飞为中心的人工智能产业生态持续构建。科大讯飞坚持的"平台+赛道"发展战略为其提供了持续发展的价值，并且形成了一套完整的价值创造体系，提高了组织竞争力。

科大讯飞存在品牌优势，并不断增进其品牌差异性。科大讯飞凭借领先的语音技术取得国际优势，赢得了众多企业客户的信任。在国家语言文字工作委员会的指导下，该公司利用人工智能技术为全球中文学习者提供中文学习平台，从而扩大了国际知名度。随后，作为中国人工智能企业代表，科大讯飞在联合国教科文组织和教育部共同举办的人工智能与教育大会上发表了演讲。为提供卓越的客户服务和提高客户满意度，构建立体化的服务体系和严格的工作流程是建立品牌优势的关键，科大讯飞因此建立了成熟的线上线下服务体系，在国内各个省市都建立了覆盖网络并选拔了经验丰富的人员组成本地化的服务团队。在面向消费者时，科大讯飞注重品牌个性。例如，抓住喜剧文化盛行之机，邀请相声名家共同挑战吉尼斯世界纪录，成功刷新了最快语速和最精准语音识别的记录。这样的营销活动不仅宣传了我国传统相声文化，也为科大讯飞的产品性能提供了强有力的背书。此外，经过长期的AI技术开发，科大讯飞与消费者建立了温暖的沟通互动关系，为用户带来了与同类产品不同的使用体验，实现了差异化竞争。

此外，科大讯飞还激励内外部人才进行价值创造。2014年，科大讯飞启动了"超脑计划"，吸引了全球顶尖的语音专家加入。与此同时，公司还建立了内外部的战略合作机制，旨在激励内部员工孵化新业务，并与京东等大企业展开合作。此外，科大讯飞深度涉足手机、教育、家居和车载领域，形成了一个完整的语音生态产业圈。具体来说，在手机领域，科大讯飞与运营商建立了战略联盟；在教育领域，与人民教育出版社合作推出了"教育评价云"；在智能家居领域，与运营商和主要电视品牌商合作，通过智能语音助手遥控家电设备；在车载领域，与奔驰、宝马、丰田等知名汽车公司展开合作，共同研发智能互联系统。通过语音开放平台构建合作共赢的创新生态体系，科大讯飞向创业者提供核心技术和云端资源，同时也拓展了自身在多个领域的应用。

三、假设验证

为进一步验证战略联盟、盈利模式、生态系统与价值共创之间的关系，本节利用科大讯飞的实际情况对战略联盟、盈利模式、生态系统与价值共创四者之间的关系进行相关验证。

（一）战略联盟、盈利模式与价值共创

本书提出的关于战略联盟、盈利模式与价值共创的假设包括战略联盟对价值共创具有显著的正向影响，盈利模式对价值共创具有显著的正向影响。其中，在战略联盟层面，契约治理对价值共创具有显著的正向影响，关系治理对价值共创具有显著的正向影响。在盈利模式层面，降本增能对价值共创具有显著的正向影响，业务增长对价值共创具有显著的正向影响。

首先是战略联盟对价值共创具有显著的正向影响。科大讯飞在 HTML5 联盟中不断探索，在应用软件和人工智能方面对 HTML5 有丰富的经验，通过对 HTML5 的探索，科大讯飞与产品链上下游企业进行更广泛的合作，以更好地为客户提供服务。科大讯飞与浪潮集团形成了一种技术互补的关系，建立战略联盟，致力于整合更多的 AI 技术创新产品和应用。此外，科大讯飞强调寻找能力和核心资源方面具有强互补性的伙伴，与高校、科研机构、客户和投资方建立强大的生态关系，同时与合作伙伴达成价值共识，将用户提出的改进问题转化为新产品或服务，并与客户、供应商和合作伙伴达成共识，这些都帮助科大讯飞与合作伙伴保持着良好的交流与互动，以助力其合作伙伴问题的解决，实现更多层面的价值共创。因

此，战略联盟对价值共创具有显著的正向影响，其中，契约治理对价值共创具有显著的正向影响，关系治理对价值共创具有显著的正向影响。

其次是盈利模式对价值共创具有显著的正向影响。为了实现降本增能的目标，科大讯飞采取了建立完善的财务共享中心的措施，显著提升了财务服务效率，降低了企业内部运营成本。具体来说，科大讯飞将企业所有财务岗位集中，并运用智能机器人、AI 扫描等高新技术处理重复性和高难度的财务工作，从而释放了大量财务人力资源。由于财务处理流程更加智能化和自动化，核算会计人员得到解放，并开始向财务管理方向转型发展。这样释放出近 30% 的财务共享中心人力，直接降低了管理费用并降低了管理费用占资产总额的比重。这一举措推动了企业的高质量发展，实现了价值创造。同时，智能便捷化的财务流程也使企业的运营成本降低，企业价值创造功能得以凸显。因此，盈利模式对价值共创具有显著的正向影响，其中，降本增能对价值共创具有显著的正向影响，业务增长对价值共创具有显著的正向影响。

（二）战略联盟、盈利模式与生态系统

本书提出的关于战略联盟、盈利模式与生态系统的假设包括战略联盟对生态系统具有显著的正向影响，盈利模式对生态系统具有显著的正向影响。其中，在战略联盟层面，契约治理对生态系统具有显著的正向影响，关系治理对生态系统具有显著的正向影响。在盈利模式层面，降本增能对生态系统具有显著的正向影响，业务增长对生态系统具有显著的正向影响。

首先是战略联盟对生态系统具有显著的正向影响。科大讯飞与国内外多所高校、科研机构以及行业协会建立了广泛的合作关系，还不断加强自主研发，并与清华大学合作建立联合实验室，共同推动人工智能技术的创新和应用，这使它们在嵌入式中文语音识别核心技术方面处于业界领先水平。科大讯飞与客户、供应商和合作伙伴达成新的价值主

张,建立合作、共享、协同、有机共生的生态化关系,这为科大讯飞的产品创新提供了方向。同时,科大讯飞在全球范围内不断吸引高学历和高科技人才,建立了多元化的绩效考核与激励机制,通过人才的培养优化促进与合作伙伴之间的交流合作,使企业与合作伙伴之间的战略联盟更好地发挥作用。科大讯飞通过契约治理和关系治理与伙伴进行深入合作,互相交流知识与经验,提升自身能力水平,以不断优化完善其战略联盟,加深企业之间的信息共享,提高动态能力,构建完善的生态系统。因此,战略联盟对生态系统具有显著的正向影响,其中,契约治理对生态系统具有显著的正向影响,关系治理对生态系统具有显著的正向影响。

其次是盈利模式对生态系统具有显著的正向影响。科大讯飞通过在共享平台运用智能报账机器人,加快了业务进程并优化了财务管理。通过对财务数据进行分析,及时发现潜在问题和隐患,并提供相应对策,从而推动销售业绩稳步提升。同时,智能财务共享服务中心的建立进一步提升了科大讯飞的资产管理水平。在资产总额持续增长、企业发展良好的情况下,成功控制了应有的管理费用增长。科大讯飞的 AI 核心技术和 AI 语音技术与校内外教育的协同布局相结合,巧妙地扩大了科大讯飞的品牌效应,彰显了其独特的"平台+赛道"商业模式,对构建 B 端 AI 生态圈起到了重要作用。企业盈利模式对企业的降本增效和业务增长能效具有显著的影响,对生态系统的构建起到了正向推动作用。因此,盈利模式对生态系统具有显著的正向影响,其中,降本增能对生态系统具有显著的正向影响,业务增长对生态系统具有显著的正向影响。

(三)生态系统与价值共创

本书提出的关于生态系统与价值共创的假设是生态系统对价值共创具有显著的正向影响,其中,信息共享对价值共创具有显著的正向影响,动态能力对价值共创具有显著的正向影响。科大讯飞作为核心企业,以四大平台和加速中心为支撑，不断与系统内的多主体共享信息资源，并利用通信网络或研讨会等方式使这些研究小组成员相互学习，进行知识交流和合作。科大讯飞不断提升其动态能力，通过知识的积累不断塑造强大的学习能力，把握当前的市场形势与环境，充分发挥自身的优势，在国内智能语音市场、教育、医疗等民生行业领域不断提高其人工智能技术，展现出强大的实力。此外，科大讯飞通过识别和把握机会，针对互联网用户的消费习惯，增加了多项符合消费者需求的功能，不断推出各种新的应用，为企业带来价值。因此，生态系统对价值共创具有显著的正向影响，其中，信息共享对价值共创具有显著的正向影响，动态能力对价值共创具有显著的正向影响。

（四）生态系统的中介作用

本书对生态系统的中介作用做出的假设包括生态系统在战略联盟与价值共创之间起到中介作用、生态系统在盈利模式与价值共创之间起到中介作用。

首先是生态系统在战略联盟与价值共创之间起到中介作用。科大讯飞专门开辟了 AI 生态平台的全新模块，提供创业孵化服务和更多相关信息。具体而言，科大讯飞与 AA 加速器合作，利用双方在各自领域的优势，为开发者提供核心技术产业化的帮助，AA 加速器负责帮助创业者找准市场机会点，建立良好的创业合作关系。科大讯飞也通过更广泛的交流合作，建立起战略联盟、丰富的企业技术、创新等全方位的生态环境，与更多的伙伴共融共创，实现企业间的价值共创。因此，生态系统在战略联盟与价值共创之间起到中介作用。

其次是生态系统在盈利模式与价值共创之间起到中介作用。科大讯飞基于建立完善的财务共享中心，运用智能报账机器人等降本增能的有效措施，实现了内部成本的下降和能效的提高，促进企业业务增长与结构优化。同时，科大讯飞善于把握当前市场形势与环境，充分发挥自身的优势，加强自身的动态能力，塑造了强大的学习能力，与合作伙伴共同研究、开发，以推动新知识的创造和新产品的研制，更好地实现企业的价值共创，发挥共创价值的积极作用。因此，生态系统在盈利模式与价值共创之间起到中介作用。

四、效果分析

科大讯飞经营多项业务，其所经营的业务使人们的生活更加便利，此外，企业平台的开发也为众多商家提供了发展路径。企业与多数合作伙伴形成战略联盟，双方的合作使其产品更加智能化地服务于更加广泛的用户。科大讯飞通过建立完善的财务共享中心，采取了从两个方面降低成本开支的措施，在一定程度上减少财务人员的数量，释放了大量财务人力资源，促使核算会计人员向财务管理方向转型发展，这使得企业的财务服务成本降低，管理能力得到提升，管理效率也得到提高，为企业的发展提供稳定的支持。与此同时，科大讯飞致力于通过合作的方式展开交流与探讨，实现内外部的信息共享，提高企业自身的动态能力，为企业价值共创的实现打下良好的基础。

第三节　字节跳动案例分析

本节对字节跳动科技有限公司（以下简称字节跳动）进行了具体介绍。首先，对公司的大致情况进行介绍。其次，从战略联盟、盈利模式、生态系统、价值共创四个方面描述公司的现状，其中，战略联盟包括契约治理及关系治理两个方面，盈利模式包括降本增能及业务增长两个方面，生态系统包括信息共享及动态能力两个方面，价值共创包括资源整合及价值创造两个方面。此外，本节还通过字节跳动的相关资料对本书提出的假设进行了验证，并对效果进行了分析。

一、企业简介

字节跳动成立于 2012 年，是一家新兴信息技术企业，也是国内首批成功将人工智能技术运用推广到移动和互联网场景中的高新技术企业之一。字节跳动拥有多个知名的移动应用程序，例如，短视频分享平台，用户可以通过拍摄、编辑和分享短视频展示自己的才华和创造力；个性化新闻推荐平台，利用机器学习算法和人工智能技术为用户提供个性化的新闻和资讯内容。

字节跳动发展的核心愿景是为用户建立一个全球创作与交流平台，在其全球化业务发展中推进"技术出海"的核心战略。10 多年来，字节跳动凭借领先的技术优势，企业的规模快速壮大，在全球拥有多款影响深远的产品，如西瓜视频、今日头条、抖音等。

此外，字节跳动还拥有其他业务领域，如即时通信、在线教育和电商等。字节跳动不断推出新的创新产品和服务，探索多元化的商业模式，并积极扩展国际市场。字节跳动在人工智能领域也取得了重要进展，尤其是在图像识别、语音识别和自然语言处理方面。通过将人工智能技术与其移动应用整合，字节跳动能够提供更加智能化和个性化的用户体验。作为一家领先的科技公司，字节跳动注重创新和技术研发，并积极扩大其全球业务版图。通过不断推进自身的发展，字节跳动在全球范围内得到了广泛的用户认可和商业成功。2015 年，被列为"2015 我国最具投入价值企业 100 强"，上榜的中小企业都是我国最具生命力和革新力的"潜力股"。

在数字化时代下，字节跳动合理利用数字技术赋能营销管理，不断改善其营销方式，塑造良好的企业管理环境，提高组织效能。字节跳动以互联网广告收入为主，其"头条系"产品覆盖亿级活跃用户，是移动互联网的重要流量入口，广告形式主要包括开屏广告、信息流广告等。字节跳动旗下产品的活跃用户不断提升，其 AI 技术的应用不断深入，AI 推荐算法精准度也不断提高，使营销精度不断上升。此外，字节跳动还利用直播来塑造其品牌真实感，旨在与消费者建立心理上的零距离交流。

二、企业现状

为了便于研究平台企业战略联盟、盈利模式、生态系统及价值共创之间的关系，本节从战略联盟、盈利模式、生态系统及价值共创四个方面来描述字节跳动的现状。

（一）战略联盟

对字节跳动战略联盟的现状描述主要从契约治理和关系治理两个方面展开。

第一，契约治理。字节跳动的战略联盟策略始于视频直播，并逐渐扩展至电子商务。2017年年底，字节跳动短视频平台开通了直播功能，进一步拓展了视频直播领域。在2018年年初，字节跳动与阿里巴巴达成战略合作，在短视频平台上引入淘宝链接，增强了意见领袖的变现能力并提升了关键意见领袖（KOL）等对平台的依赖程度。通过广告宣传和营销活动，新注册用户数量迅速增长。2018年11月，平台开通了商品橱窗功能，标志着字节跳动正式进入电子商务领域，使字节跳动的业务领域从内容供应扩展到了电子商务。在成长阶段，字节跳动实施大规模的横向包围战略，该战略是构建平台生态系统的关键因素。这种横向包围战略一部分是通过已有平台进行孵化的，另一部分是独立推出的。具体的推行策略包括平台多元化和差异化运营，通过战略联盟引入电子商务业务。在国内市场形成竞争优势后，字节跳动实施了多市场并行的包围战略，通过投资和并购等策略在欧美、印度等市场进行了包围。需要注意的是，在国内市场的包围战略中，横向包围战略并不是基于已有的用户。

在战略联盟的契约管理过程中，字节跳动非常注重信息安全和隐私保护。字节跳动建立了完善的信息安全管理流程，并采取措施确保信息安全和用户隐私的保护。为了实施信息安全管理，字节跳动成立了专门的信息安全委员会，负责协调和管理信息安全和隐私保护工作。根据《中华人民共和国网络安全法》和行业标准的要求，字节跳动在内部建立了完整的信息安全管理体系。另外，字节跳动还制定了一系列管理制度，如《信息安全和隐私管理手册》，明确了对字节跳动信息生成、处理、发布和储存的安全要求，以确保及时发现问题、保护安全并尊重用户隐私。在信息安全事故的预防和处理方面，字节跳动坚持"果断决策、立即处理、及时通报"的原则，积极采取行动。字节跳动还制定了五大隐私保护原则，包括合法正当、知情同意、最小必要、安全保障和公开透明，这些原则旨在尊重和保护用户的知情权和决定权。为了提升员工和公众的信息安全意识，字节跳动通过一系列活动进行了信息安全宣传。提高员工的安全意识，普及信息安全知识。仅在2021年，字节跳动就开展了近百场线上线下安全意识培训，覆盖了约10万人次。同时，"字节跳动安全中心"平台视频号也发布了"安全范儿"系列视频，向用户普及了信息安全和隐私保护的知识。

第二，关系治理。字节跳动对合作的供应商设立了一套标准，将廉洁合规视为商业合作的底线。字节跳动制定了负责任采购制度并严格执行，与商业伙伴共同建立诚信的商业秩序。为明确对供应商的要求和合规规定，字节跳动发布了《供应商合作指引》。在供应商准入环节引入风险管理机制，严格控制违法违约的供应商，并实施黑名单管理，以杜绝舞弊供应商进入供应链。此外，字节跳动还组织了首届采购供应商大会，传达了廉洁合作的要求和坚定立场，与供应商携手营造阳光诚信的商业合作生态。随着字节跳动业务线的快速扩展，管控商业化风险、构建稳定的商业生态势在必行。因此，字节跳动成立了中国商业生态与安全中心，致力于经营健康可持续的商业内容生态，并希望保障所有商业内容都能够被信赖。这个中心提供专业安全的服务，向利益相关者传递真实的信息。2021年，中国商业生态与安全中心从健全完善服务机制、落实业务推进措施和打造稳定商业生态三个方面不断完善商业生态建设。

同时，字节跳动高度重视人才培养，致力于发掘出色的个人才华。关注人才的本质，不以背景为论据。字节跳动秉持"与优秀人共事，迎接挑战"的人才理念，拥有来自各行各业、服务全球各地、文化背景多样的11万名杰出人才，他们共同激发创造力，丰富生活。字节跳动努力为优秀人才提供良好的成长环境，使员工在多维度实践中获得真正的成长，在务实平等的文化氛围中激发潜力，在高密度的人才集聚环境中协同合作，他们可以充分利用丰富的学习资源和有针对性的培养规划不断提升自己。同时，员工将获得具有竞争力的激励和回报，从而充分发挥自身的潜能，创造出更具创新力的成果，优秀人才将在此机制下脱颖而出。

（二）盈利模式

对字节跳动盈利模式的现状主要从降本增能和业务增长两个方面展开描述。

第一，降本增能。字节跳动为商家和用户提供了降低价值创造成本的机遇。作为一家电商平台，字节跳动为商家提供了更经济的创造价值途径。以电商创业为例，早期的创业者选择该平台进行创业的主要原因之一是相对较低的创业门槛和成本。在追求流量和网络效应的过程中，字节跳动平台具有庞大的用户基础和多节点的价值网络，从而在一定程度上降低了创业者的经营和推广成本。同时，在快速扩大组织规模的过程中，字节跳动追求规模化效应，通过扩大规模不仅能够降低成本，还能提升竞争力。

第二，业务增长。字节跳动通过转变销售渠道实现了业务增长，并不断扩大其业务种类。新型互联网平台的电商业务快速发展，短视频生态繁荣，培养了众多优质内容创作者，使海量高品质商品可以通过更优秀的内容形式展示出来。同时，达人与用户之间的信任关系有助于商家更精准地触达目标用户。以字节跳动旗下的短视频平台为例，商家通过发布优质短视频吸引了大量粉丝，进而推动了产品的销量。最初，电商卖家仅仅依靠在淘宝、京东等网购平台发布链接进行销售。字节跳动的短视频平台从中发现了巨大商机，推出了"抖音支付"，成为继支付宝和微信支付之后的第三个支付选项。直播电商生态环境中的月活跃用户量已经达到了5.67亿，日活跃用户量则达到4亿。随着新的销售渠道的建立，字节跳动在电商领域迅速扩张。然而，需要注意的是，字节跳动的业绩增长主要依赖的是并购，而非仅仅源自业务本身的高增长性。这意味着一旦失去了足够支撑业绩快速增长的收购目标，字节跳动的估值可能会停滞甚至快速下降。因此，在追求扩张的过程中，字节跳动需要谨慎考虑并购策略，同时确保自身业务的持续发展。

字节跳动致力于提供卓越的服务，优化用户体验，并提高用户黏性。为此，字节跳动建立了全方位的服务保障体系，为不同类型的用户群体提供个性化的服务方案，以确保有效解决用户问题。为了达到这一目标，字节跳动设立了专业的服务体验中心，并在各项目部门设置了用户服务团队。首先，在事前阶段，通过对全场景服务流程的梳理和标准化流程的运用，提高问题解决率。其次，在事中阶段，建立了用户体验评价指标体系，系统会发出预警信号，一旦检测到用户体验受损，将及时通过产品和人工双渠道对体验受损的用户进行干预。最后，在事后阶段，组建了应急团队，及时监测内外部的体验事件，以避免用户体验受损，关注用户常见问题，并反哺产品的改进。字节跳动非常重视每个用户的意见，积极扩大用户反馈渠道，并根据用户的反馈优化产品和服务。在完善反馈渠道方面，公司为用户提供广泛的反馈渠道，并全天候回应用户的问题和疑虑。为有效解决用户反馈的问题，字节跳动利用专业团队和技术手段，监测改进效果并量化指标，提高了用户服务的效率和质量。仅在2021年，抖音就进行了70项用户调研，提出了127项优化建议，落实了69项改善措施。同时，营销服务品牌巨量引擎还开展了广告生态优化专项活动，针对广告密集、重复和内容质量差等问题进行了策略干预。

字节跳动会根据客户需求持续进行产品迭代与优化。在过去五年多的时间里，字节跳动不断加强对外产品输出，成功打通了国际化通道，取得了国际市场上的巨大成就。这为智能互联时代下的企业提供了一种探索新价值创造与转型升级方式的范本。无论是在国内市场还是国际市场，字节跳动始终秉持价值共创的理念，在产品研发与推广过程中与客户进行实时沟通、互动和反馈。通过满足用户需求、提升用户体验价值，不断进行产品优化与迭代，以更好地适应当前环境的变化。字节跳动将产品真正融入用户的生活，在功能层面和心理层面紧密把握用户需求，稳步提升了用户黏性。最终，字节跳动成功打造了一系列适应客户需求且具备持续创新升级能力的热门产品，从而提升了企业的核心竞争力和可持续发展的动态能力。

（三）生态系统

从 2020 年开始，字节跳动在国内外逐渐建立了稳定的用户群体，并形成了以短视频板块为核心的内容生态系统。该生态系统由内容聚合平台、兴趣社区、短视频矩阵和工具 App 组成。平台主体从今日头条向短视频板块过渡，并建立了内容聚合平台、兴趣社区、短视频矩阵和工具 App 的内容生态系统框架。同时，针对不同用户群体特征，在同一业务但不同 App 之间实施差异化互补运营策略。平台矩阵合理分配了专业视频、短视频、电商和直播等功能，加强了平台内容特征与功能特征。注重将内容聚合平台集成业务与其他独立平台业务进行差异化发展，以降低集成业务对其他独立平台的负面影响。从内容生产到内容接收，优化了业务布局，进一步完善了平台生态系统的体系构建。

对字节跳动生态系统的现状描述主要从信息共享和动态能力两个方面展开。

第一，信息共享。为了实现知识共享和情景化创造，字节跳动采用了第三方软件应用的方式。在企业内部，知识分享存在两个主要难题：员工不愿意与他人分享知识，隐性知识难以转移。由于知识代表着权力，与他人分享知识意味着失去一部分权力，因此人们不愿意共享知识。为解决这个问题，字节跳动通过第三方软件应用——飞阅会，实现了知识共享和创造的情景化体验。飞阅会是基于飞书文档的阅读式会议。在会议之前，组织者会编写一个文档，其中包含会议的背景、目的和讨论的内容。然后，组织者提前将文档发给参会者。在会议开始前的15分钟，组织者使用妙享功能分享准备好的文档，参会者阅读文档并对其中有疑问的部分添加评价。接下来，在会议中，参会者对添加的评价展开讨论，实现了知识的共享。整个会议过程可以录制视频。会议结束后，待办事项会被转化为需要执行的任务，从而促进知识的创造。录制的会议视频记录了参会者共同创造知识的情景。视频中的对话还可以通过飞书妙记转录为文字，以便更好地沉淀知识。在会议结束后，参会者或其他人可以通过快速阅读会议妙记，清楚地了解待办事项是在何种场景下讨论出来的，实现了知识的转移和传承。字节跳动通过第三方软件应用有效地实现了知识共享和情景化的创造。

此外，字节跳动还通过建立组织知识库来沉淀知识。字节跳动通过多人共建和集思广益的方式，组织内部结构化地沉淀高价值、可共享的信息，构建了完整的知识体系，并实现了高效、自助的云端知识共享。知识库由多个知识空间和文档页面组成。组织可以对知识空间内的内容和词条进行明确的分类，并建立层级式的页面树体系，以提高企业知识的体系化水平和传播效率。字节跳动拥有一个完善且不断更新的知识库体系。当组织内部对某类知识有需求或者产生了新的高价值信息时，相关员工可以创建新的知识空间或在现有知识空间添加页面。这些页面通常以在线文档的形式共享到云端，授权成员可以从任何移动设备上阅读、学习和收藏。同时，管理员可以设置知识库的阅读、编辑、复制等权限，并为某些保密文档单独设置协作者，从而实现了知识的精细化管理，确保了知识共享的安全性。通过构建知识库，字节跳动提高了知识溯源、传播和分享的效率，降低了组织内部知识流转的成本，并减少了人员流动对组织知识体系的影响。

第二，动态能力。字节跳动不断提高其市场识别与环境适应能力，聚焦社会需求，实现实时分享。字节跳动旗下的汽车信息共享与服务平台专注于汽车领域，聚集了全国众多优质创作者和经销商。该平台提供持续不断的解答和分析，涵盖了汽车购买咨询、行情分析以及试驾体验等内容，以满足用户多样化的选车需求。同时，平台还提供时效性强、多样有趣的资讯和方便有效的选车工具，致力于打造真实、专业、有趣、优惠、实用的社群氛围。在平台上，用户可以找到来自汽车测评达人的真实体验和客观专业的原创内容。平台的内容板块丰富多样，包括直播、图文和小视频等形式，极大地激发了用户的阅读和观看兴趣，满足了用户对个性化内容的需求。此外，平台还拥有集团大数据技术、优秀的技术研发团队和顶尖的个性化推荐算法，能够智能掌握用户的行为意向，适时调整营销战略，快速将用户购车意向推进至下一阶段，最终目标是让每个用户都能在平台上找到自己感兴趣的车型。除了汽车领域的产品，字节跳动还在多个领域进行并行发展。

字节跳动持续提高学习能力，注重创新能力的发展，为其持续发展提供动力，拥有优秀的产品研发实力和创新迭代速度，为用户提供一个表达自我、记录美好生活的平台。字节跳动还聚集了众多顶尖技术人才，重视技术创新，拥有丰富多样的实际应用场景。通过以上措施，字节跳动不断成长并提高学习能力，增进创新能力，为持续发展提供动力。同时，该平台致力于提供优质的产品和服务，在多个领域保持领先地位，满足用户对个性化内容的需求。

（四）价值共创

对字节跳动价值共创的现状描述主要从资源整合和价值创造两个方面展开。

第一，资源整合。字节跳动通过打通不同软件之间的链接通道，构建了平台共享模式，使创作和分享更加便捷，并充分发挥用户的价值。电商平台本身是一个庞大的资源集合池和资源调配中枢。一方面，向商家和用户提供多维信息，在一定程度上减少了信息不对称性，提高了消费者在生产、生活、创业和就业等方面的选择性和主动性。另一方面，利用电商平台强大的产业链和社会资源，优质产品能够迅速建立品牌形象，并得到更广泛的传播，而优质内容创作则能够创造出更大的商业和社会价值。

第二，价值创造。字节跳动在如今分享经济盛行的时代下，与平台用户互动，创造更多价值。字节跳动的平台是基于数据挖掘的、连接用户与信息的推荐引擎。该平台展示了稳定发展的生态，充分展示了分享经济的内涵。大量优质内容是平台健康发展的基石，也是其本质所在，高质量的文章、视频和微头条等板块为字节跳动的平台增添了鲜明的内容特征。平台内容的边界被拓宽，整体上呈现出思想性、可读性和知识性。平台聚集了不同类型和特点的内容创作者、分享者与接受者，他们来自不同领域，这使平台产生了不同文化、亚文化圈层之间的碰撞和融合。多样性对于健康生态的发展与优质内容同样重要。每天有数亿用户访问平台，创作者涵盖"三农"、健康、饮食、金融、运动、汽车、育儿、房产、情感、美妆等多个领域，充分迎合了用户的阅读兴趣，同时也激发了阅读者潜在的多元兴趣，大大提高了平台的活跃度，形成了多元化的内容消费生态。

三、假设验证

为进一步验证战略联盟、盈利模式、生态系统与价值共创之间的关系，本节利用字节跳动的实际情况对战略联盟、盈利模式、生态系统与价值共创四者之间的关系进行相关验证。

（一）战略联盟、盈利模式与价值共创

本书提出的关于战略联盟、盈利模式与价值共创的假设包括战略联盟对价值共创具有显著的正向影响，盈利模式对价值共创具有显著的正向

影响。其中，在战略联盟层面，契约治理对价值共创具有显著的正向影响，关系治理对价值共创具有显著的正向影响。在盈利模式层面，降本增能对价值共创具有显著的正向影响，业务增长对价值共创具有显著的正向影响。

首先，战略联盟对价值共创具有显著的正向影响。字节跳动与淘宝进行合作，实现了字节跳动在视频直播领域的发展，用户数量迅速增长。使字节跳动拥有了一定数量的用户基础，也对淘宝平台产生了依赖。同时字节跳动高度重视人才培养，致力于发掘出色的个人才华，秉持着"与优秀人共事，迎接挑战"的理念，拥有来自各行各业、服务全球各地、文化背景多样的人才，共同激发创造力，共同实现企业愿景与目标。因此，战略联盟对价值共创具有显著的正向影响，其中，契约治理对价值共创具有显著的正向影响，关系治理对价值共创具有显著的正向影响。

其次，盈利模式对价值共创具有显著的正向影响。字节跳动为商家和用户提供了降低价值创造成本的机遇，作为一家电商平台，字节跳动为商家提供了更经济的创造价值途径以及相对较低的创业门槛和成本。并且字节跳动建立了全方位的服务保障体系，为不同类型的用户群体提供个性化的服务方案，根据客户需求持续进行产品迭代与优化，以确保有效解决用户问题，优化用户体验，提高用户黏性，提升了企业的核心竞争力，实现企业价值共创。因此，盈利模式对价值共创具有显著的正向影响。其中，降本增能对价值共创具有显著的正向影响，业务增长对价值共创具有显著的正向影响。

（二）战略联盟、盈利模式与生态系统

本书提出的关于战略联盟、盈利模式与生态系统的假设包括战略联盟对生态系统具有显著的正向影响，盈利模式对生态系统具有显著的正向影响。其中，在战略联盟层面，契约治理对生态系统具有显著的正向影响，关系治理对生态系统具有显著的正向影响。在盈利模式层面，降本增

能对生态系统具有显著的正向影响，业务增长对生态系统具有显著的正向影响。

首先是战略联盟对生态系统具有显著的正向影响。字节跳动在战略联盟契约治理中，注重信息安全和隐私保护，建立了完善的信息安全管理流程，成立了专门的信息安全委员会，负责协调和管理信息安全和隐私保护工作，还制定了五大隐私保护原则，包括合法正当、知情同意、最小必要、安全保障和公开透明，提高了员工的安全意识，普及了信息安全知识；对于供应商，字节跳动对合作的供应商设立了一套标准，将廉洁合规视为商业合作的底线，制定了负责任采购制度并严格执行，与商业伙伴共同建立诚信的商业秩序，为其信息共享提供基础保障，提高企业动态能力，对生态系统构建起到积极作用。因此，战略联盟对生态系统具有显著的正向影响。

其次是盈利模式对生态系统具有显著的正向影响。字节跳动快速扩大组织规模，追求规模化效应，通过扩大规模不仅能够降低成本，还能提升竞争力。因此，盈利模式对生态系统具有显著的正向影响。

（三）生态系统与价值共创

本书提出的关于生态系统与价值共创的假设是生态系统对价值共创具有显著的正向影响，其中，信息共享对价值共创具有显著的正向影响，动态能力对价值共创具有显著的正向影响。字节跳动从内容生产到内容接收，优化了业务布局，构建了完善的平台生态系统，不仅通过第三方软件应用有效地实现了知识共享和情景化的创造，还通过建立组织知识库沉淀知识。通过不断提高市场识别能力、环境适应能力、学习能力，字节跳动增进知识的交流与共享，更好地实现价值创造。因此，生态系统对价值共创具有显著的正向影响，其中，信息共享对价值共创具有显著的正向影响，动态能力对价值共创具有显著的正向影响。

(四) 生态系统的中介作用

本书对生态系统的中介作用做出的假设包括生态系统在战略联盟与价值共创之间起到中介作用、生态系统在盈利模式与价值共创之间起到中介作用。

首先，生态系统在战略联盟与价值共创之间起到中介作用。字节跳动在战略联盟中尊重和保护用户的知情权和决定权，提高员工的安全意识，并普及了信息安全知识，对供应商制定了负责任采购制度并严格执行，与商业伙伴共同建立诚信的商业秩序，杜绝舞弊供应商进入供应链，建立良好的生态系统，进而实现企业内外部的资源整合，创造更多价值。因此，生态系统在战略联盟与价值共创之间起到中介作用。

其次，生态系统在盈利模式与价值共创之间起到中介作用。字节跳动平台具有庞大的用户基础和多节点的价值网络，从而在一定程度上降低了创业者的经营和推广成本，随着新销售渠道的建立，字节跳动在电商领域也迅速扩张，业务不断增长，为其实现知识共享和情景化创造提供业务基础，更好地沉淀高价值、可共享的信息，更好地实现价值共创。因此，生态系统在盈利模式与价值共创之间起到中介作用。

四、效果分析

字节跳动的成立突破了人们传统购物消费的方式，并开拓出了新的支付方式，为人们的生活提供了全新的方式和一定程度的便利。为用户建立一个全球创作与交流平台是企业的核心愿景。在外部合作与联盟上，字节跳动的战略联盟策略始于视频直播，并逐渐扩展至电子商务，积极与外部企业进行合作，不断拓展自身的业务领域，在一定程度上满足了互联网用户在娱乐、沟通、金融和资讯等方面的需求。企业也致力于为用户提供卓越的服务，建立了全方位的服务保障体系，为不同类型的用户群体提供个性化的服务方案，以确保有效解决用户问题，提升用户体验感，进而提高用户的黏性。企业在积累的庞大流量基础上着力实现多元化业务的发展，提供优质内容，塑造平台经济的健康生态，创造出更大的商业价值和社会价值。

第四节 案例比较分析

本节将三家案例企业进行比较，分别从变量、成果、潜力层面阐述三家案例企业的状况，进一步明确平台企业战略联盟、盈利模式、生态系统及价值共创四者之间的关系。

一、变量层面

本节从变量层面对三家案例企业的情况进行比较，包括战略联盟、盈利模式、生态系统以及价值共创四个方面。

第一，战略联盟。小米与联盟之间具有良好的合作关系。小米通过合作联盟，与多种类型的组织合作，形成了多样化的利益相关者合作网络，这也使得小米扩展其业务范围，逐渐涉足新的领域。在利益相关者合作网络中，小米采取多样化的供应商选择和解决方案，改善了企业对供应商过度依赖的状况，保证企业能够有源源不断的供应来源，通过与供应商的密切合作，小米能够确保产品质量和供应链的可靠性。小米是一家高科技公司，极为重视企业内部人才的培养和团队的建设，对此小米采取扁平化组织架构和轻量级的管理模式，打造优秀人才和优秀团队。科大讯飞主攻智能语音和人工智能，因此与各企业之间的合作重点更多地放在智能语音和人工智能的发展上，或是直接发展人工智能技术，或是为智能语音和人工智能的发展提供更为有利的条件。科大讯飞作为人工智能领域的领导者，积极参与产业学术研究和产业合作，与高校、科研机构以及行业协会都建立了广泛的合作关系。字节跳动是一家新兴信息技术企业，主要产品是拥有短视频分享平台、个性化新闻推荐平台的移动应用程序，企业与联盟成员之间的合作围绕着视频平台的发展及使用展开。企业的战略联盟策略始于视频直播，而后逐渐扩展至电子商务。2018年11月，平台开通了商品橱窗功能，标志着字节跳动正式进入电子商务领域。相比之下，三家企业的战略联盟所关注的重点因其主营业务的不同而有所不同。但三家企业在战略联盟层面均取得了不同程度的成效，且效果都是越来越好的。

第二，盈利模式。小米盈利模式的核心是生态链盈利。在发展后期，小米致力于构建万物互连的物联网系统，顺应大物联网趋势的"AI+IoT+5G"的盈利模式，升级企业生态链盈利模式。小米与合作伙伴共同实现降本增能以及业务的增长，取得成本优势，实现大规模生产，同时也在内外部价值链层面展开战略成本管理，与外部优质供应商建立长期的合作伙伴关系，保障并提升企业利润。科大讯飞主要采取建立完善的财务共享中心的方式，为企业的盈利模式提供保障。科大讯飞建立的财务共享中心提高了会计核算效率，实现了管理智能化，企业的财务服务效率大大提升，同时智能化、便捷化的财务流程也使企业内部的运营成本降低，推动了企业的高质量发展。在企业业务方面，科大讯飞的盈利模式是基于语音识别业务展开的，其中在教育领域内的营收占有较高的比例，增长速度也在逐年加快，AI赋能教育产业的协作模式为企业的快速发展提供了重要的保障，也是科大讯飞的主要利润来源。字节跳动主要通过降低价值创造成本和转变销售渠道的方式实现企业的盈利增长。新型互联网平台的电商业务快速发展，短视频生态繁荣，培养了众多优质内容创作者，销售渠道得到转变，业务种类不断扩大。同时字节跳动平台具有庞大的用户基础和多节点的价值网络，从而在一定程度上降低了创业者的经营和推广成本。相比之下，三家企业的盈利模式较为复杂，其利润点主要来自三家企业丰富的业务体系。但三家企业的盈利模式均较为成熟，能够使企业有相当稳定的收入来源。

第三，生态系统。小米注重用户参与，重视与用户之间的交流互动，通过在讨论区反馈信息、在社交媒体与用户互动的方式，确保与用户的直接沟通，使得信息在用户和企业之间进行传递，实现共享。同时小米着力提高机会识别和开发能力、内外部资源利用能力、终身学习观念以及核心业务能力，保障企业的持续稳健经营。科大讯飞以四大平台和加速中心为基础，与生态系统内的多主体共享信息等资源，与生态系统中的合作伙伴相互扶持，相互学习，通过广泛的交流与合作，丰富企业生态环境，与更多的合作伙伴共创共享。字节跳动逐步建立起稳定的用户群体，建立并完善平台生态系统，采用第三方软件的形式，实现内部员工的知识共享和情景化创造，并且字节跳动在发展过程中不断提高其市场识别能力、环境适应能力以及学习能力，为企业持续发展提供动力。相比之下，三家企业均能从其所处的生态系统获取自身所需要的资源，其所处的生态系统也能为企业提供良好的发展条件。

第四，价值共创。小米创造性地培育高价值、稀缺且无法完全模仿和替代的资源，整合内外部资源，对资源进行有效组合，构建资源配置壁垒，以实现有效的战略实施效果，实现价值共创。同时实现了更高的价值创造，保证有更多的利润空间进行技术研究，保持核心技术资源的竞争优势。科大讯飞作为一家成功的企业，创造了许多价值。科大讯飞善于重新整合自身拥有的资源，作为AI行业的领导者，将AI技术与教育行业深度融合，得到用户的广泛认可，进一步扩大了市场资源。在企业组织管理中，将数字技术应用于人力资源管理，提高了管理部门的工作效率，简化了工作流程，为管理者打造了高效、便捷的管理系统，也为企业塑造了长期价值。字节跳动的产品满足了用户创作和分享的需求，为用户提供更加广泛自由的分享平台，使创造和分析更加便捷，并充分发挥用户价值。相比之下，三家企业通过共创共享的方式，均创造了更多的价值，分别采取培育稀有资源、整合资源以及创造平台的方式，实现了价值共创。

二、成果层面

2022年12月14日《知识产权白皮书》发布，截至9月30日，小米全球专利授权数超过2.9万，全球专利申请数超过5.9万。连续四年，小米荣登《财富》世界500强，2021年排名第266位，成为中国科技公司中排名上升最快的企业。小米团队荣获2022年度技术大奖，摘得了百万美金大奖，其开发的"CyberDog铁蛋四足仿生机器人"备受赞誉。此外，夜枭算法团队在被誉为"影像算法奥林匹克"的CVPRNTIRE夜景渲染比赛中，斩获了世界冠军，同时获得了大众评审和摄影师评审的认可。面对复杂的宏观环境，小米保持各项业务的稳健发展。2023年5月24日，小米公布了截至2023年3月31日的2023年第一季度财报。该季度，小米实现营业收入594.8亿元，同比下降18.9%，环比下降9.9%；经调整净利润为32.3亿元，同比增长13.1%，环比增长121.3%。

由于2022年社会经济环境的特殊性和受到国际因素的影响，科大讯飞的营业收入和毛利仅略有增长。全年实现营业收入188.20亿元，同比增长2.77%，同时实现毛利76.84亿元，同比增长2.00%。2022年12月，科大讯飞在第十一届国际对话系统技术挑战赛中取得了巨大成功。其凭借基于提示学习的多任务联合训练方案和基于对比学习的多阶段粗到细模型训练方案，获得了三项冠军。在智慧教育领域，科大讯飞通过将人工智能核心技术与教育教学场景深度融合应用，为学生、教师和各级教育管理者提供了精准且便捷的服务。这包括智慧课堂、智慧作业、AI学习机、课后服务等。在智慧医疗领域，科大讯飞通过系统性创新，为各级医疗机构赋能，促进其诊疗能力和效率的提升。而在智慧城市领域，科大讯飞充分利用人工智能、大数据等核心技术，顺应数字中国发展趋势，为各地政府的数字化转型需求提供支持，并积极参与新型智慧城市建设。这些成就和在不同领域中取得的进展充分展示了科大讯飞在特殊环境下的韧性和创新能力。

2022年，字节跳动对公司行为进行了调整，制定了新版文化规范与准则，包括"始终创业""多元兼容""坦诚清晰""求真务实""敢为极致"和"共同成长"，这些准则旨在指导字节跳动的日常运营和发展。在数字创新方面，字节跳动专注于技术前沿领域，并探索技术的交叉应用，以推动行业的科技创新。2022年，字节跳动不断投入技术研发，在人工智能与云计算、实时传输等领域取得了一系列创新成果。在共创共享方面，字节跳动致力于知识的普及，与名校名师合作，结合热点知识话题，打造系列知识内容，并上线知识专栏节目，持续为用户提供结构化、体系化的知识内容。此外，字节跳动还关注优质图书和优质作者，为用户提供优质的阅读体验。在员工发展方面，字节跳动贯彻执行了公司新制定的《员工手册》《人员隐私政策》等管理办法，以保障员工的权益，同时也为员工提供多样化的福利，关注员工的身心健康和职业发展。

由以上可见，三家企业在各自领域均取得了一定的成果。特别是在创新层面，三家企业都在一定程度上引领了各自行业的创新发展，并带动了相关产业的发展。

三、潜力层面

小米在电子产品和智能配件方面取得了较为显著的成就，有望在智能设备方面做出更大的贡献。此外，小米十分重视其在技术创新层面的发展，这也使得企业的业务能够不断得到精进，并有获得更多潜在用户的能力。

科大讯飞通过高水平的AI技术，在智慧教育领域内颇有成就，盈利模式与组织架构的创新式结合，使企业在相关领域内能够长期占有一定的地位。AI技术与企业技术的发展使企业取得了极为突出的成就。

字节跳动的短视频平台及其电子商务的结合发展是一大亮点，未来，企业将因此获得更大的收益。当然，企业的技术创新能力同样不容小觑。多年来，企业获得了大量专利，这使企业具备了引领行业发展的潜力。

第五节　总结

　　本章选用了三个典型企业对平台企业战略联盟、盈利模式、生态系统及价值共创四者之间的关系进行验证。首先，在各节中对案例企业进行了简要介绍。其次，从战略联盟、盈利模式、生态系统及价值共创四个变量的维度描述企业的现状。再次，在各节中利用案例企业的真实情况对假设进行了验证，包括战略联盟、盈利模式对价值共创具有显著的正向影响，战略联盟、盈利模式对生态系统具有显著的正向影响，生态系统对价值共创具有显著的正向影响，生态系统在战略联盟与价值共创之间具有中介作用，生态系统在盈利模式与价值共创之间具有中介作用。此外，还对各案例企业的效果进行了分析。最后，从变量层面、成果层面、潜力层面对三家案例企业进行了比较。

第六章

结论与建议

本章对前文研究得出的结论进行梳理讨论，并基于相关结论，形成可在企业管理实践中应用的建议方案。

第一节 研究结论

互联网和数字化技术的快速发展,使平台经济正在成为新的经济增长点。然而,平台企业要想得到发展,必须综合考虑多方面因素,方能制定出适合企业的战略。目前,学术界关于平台企业价值共创的研究仍然有待补充,特别是探讨多变量对价值共创的影响的相关研究,关于战略联盟、盈利模式、生态系统及价值共创的研究并没有形成完整的体系。因此,本书通过案例研究及实证分析两种方式构建了"战略管理和盈利模式—生态系统—价值共创"的理论框架,并得出相应结论。

一、战略联盟、盈利模式有助于促进平台企业价值共创

(一)维护战略联盟有助于促进平台企业价值共创

战略联盟与价值共创的实证结果表明战略联盟与价值共创之间存在正向关系。其中,战略联盟的契约治理维度、关系治理维度都对价值共创具有显著的正向影响。

在契约治理与价值共创方面,对于企业和联盟成员企业而言,契约是维护关系的重要工具,也是对双方交易必不可少的约束。妥善的契约治理,一方面能够巩固企业与联盟企业之间的合作、友好交流关系;另一方面能够统一规制交易行为,进而维护市场的良好运转。这使企业参与价值共创具有一定的前提条件,即具备一定的价值共创资本和与各主体合作的可能。因此,可以说战略联盟的契约治理对平台企业的价值共创具有显著的正向影响。

在关系治理与价值共创方面,企业能否治理好其与联盟成员企业的关系,关系到企业的相关合作能否顺利开展以及企业的运转能否正常进行。

好的关系治理，在构筑企业与联盟成员企业良好关系基础的同时，潜在地也能为企业带去更多可能发展的机会。因此，可以说战略联盟的关系治理对平台企业的价值共创具有显著的正向影响。

（二）恰当的盈利模式有助于增加企业参与价值共创的资本

盈利模式与价值共创的实证结果表明盈利模式与价值共创之间存在正向关系。其中，盈利模式的降本增能维度和业务增长维度都对价值共创具有显著的正向影响。

在降本增能与价值共创方面，降本增能，也可以理解为降本增效，是一种为企业降低成本增加收益的行为。平台企业施行各种措施使其运行成本得以降低的行为，一方面会使企业自身受益，直接表现为其收益的增加；另一方面会对企业与上下游企业之间的合作产生影响。如供应商要满足企业降低成本的需求，就需要其自身进行升级改造。这就表明，降本增能能够使参与价值共创的多个主体通过升级改造达成目的，进而促进价值共创的进行。因此，盈利模式的降本增能对平台企业的价值共创具有显著的正向影响。

在业务增长与价值共创方面。正常情况下，业务增长直接表现为企业的收益增加。但其隐含的内在逻辑会影响到多方主体。在业务增长的速率超出企业的可控范围时，企业需要制定相应的策略，如增加供应商的供应量、更换供应商、升级技术等。这就使企业的业务增长可能对企业及其上游企业之间的关系造成一定的冲击。但这种冲击从某种角度来看是对相关企业的一种筛选，使参与价值共创的企业在价值创造过程中发挥更显著的作用。因此，盈利模式的业务增长对平台企业的价值共创具有显著的正向影响。

二、战略联盟、盈利模式有助于企业生态系统的构建与发展

(一) 良好的战略联盟有助于维护企业的生态系统

战略联盟与生态系统的实证结果表明战略联盟与生态系统之间存在正向关系。其中,战略联盟的契约治理维度、关系治理维度对生态系统具有显著的正向影响。

在契约治理与生态系统方面,一定区域内,没有一个企业个体或单个组织是能够长期单独生存的。企业与联盟成员企业之间的契约成为企业依存于生态系统的良好约束,一方面维护了生态系统的稳定,另一方面也加强了企业与联盟成员企业之间的联系。因此,战略联盟的契约治理维度对生态系统具有显著的正向影响。

在关系治理与生态系统方面,企业有意识地治理好其与联盟成员企业之间的关系,只有维护好生态系统内各企业的良好合作关系,企业才更有可能从其所处的生态系统中获得优质资源进而得以发展。因此,战略联盟的关系治理维度对生态系统具有显著的正向影响。

(二) 升级盈利模式有助于企业构筑良好的生态系统

盈利模式与生态系统的实证结果表明盈利模式与生态系统之间存在正向关系。其中,盈利模式的降本增能维度和业务增长维度都对生态系统具有显著的正向影响。

在降本增能与生态系统方面,企业的降本增能行为本质上是企业迎合市场需求寻求自身升级改进的举动,因而,企业实行降本增能有利于促进企业的生态系统进行更新升级,进而增加整个生态系统的资源,提升系统内各企业的综合实力。因此,盈利模式的降本增能对生态系统具有显著的正向影响。

在业务增长与生态系统方面，可能是由于市场需求的扩大，同时也可能是企业的产品或服务因其某些方面的特质更加迎合市场需求而获得业务增长。因此，盈利模式的业务增长对生态系统具有显著的正向影响。

三、生态系统为企业价值共创打造发展条件

生态系统与价值共创的实证结果表明生态系统与价值共创之间存在正向关系。其中，生态系统的信息共享维度和动态能力维度都对价值共创具有显著的正向影响。

在信息共享与价值共创方面，信息共享是指不同层次、不同部门信息系统间信息和信息产品的交流与共用。平台企业及时获取有用信息的能力，使其能够及时把握发展机遇，进而发展自身业务，从而有益于企业参与价值共创。因此，生态系统的信息共享对平台企业的价值共创具有显著的正向影响。

在动态能力与价值共创方面，动态能力，指的是企业在对企业内外资源进行整合、创建、重构的过程中面对多变的外部环境不断寻求及利用机会的能力，也就是企业对核心竞争力的重新构建、调配和使用进而使企业能够与时俱进的能力。平台企业的动态能力提升意味着企业更有可能取得进步与发展，便于企业在价值共创体系中发挥作用。因此，生态系统的动态能力对平台企业的价值共创具有显著的正向影响。

四、生态系统促进战略联盟改进价值共创

战略联盟、生态系统与价值共创的实证分析表明，生态系统在战略联盟对价值共创的影响过程中发挥部分中介作用，即战略联盟不仅可以直接影响平台企业的价值共创，还可以通过生态系统间接地促进价值共创。

首先，企业与联盟成员企业的生态系统有一定的交集，这使生态系统成为维系企业与联盟成员企业之间关系的必不可少的纽带。企业与战略联

盟成员为实现自身利益和整体利益的最大化，构建起一个个开放的、多元的、复杂的生态系统，为企业提供多种资源和服务，包括人才、技术、资金、市场等，参与战略联盟的企业可以实现资源的互补和整合，提高生产效率和竞争力。这种资源共享和协同作用可以为整个生态系统带来更多的价值创造机会，促进合作伙伴之间的互惠互利关系。

其次，战略联盟可以促进生态系统中的技术创新和共同研发。参与战略联盟的企业可以共享各自的技术和知识，进行合作研发和创新项目。这种技术创新和共同研发有助于提升整个生态系统的技术水平和竞争力，推动行业的变革和创新。

最后，战略联盟可以扩大生态系统的市场影响力和合作范围。通过与其他企业进行战略合作，企业可以进入新的市场领域，拓展产品或服务的覆盖范围。这样的市场拓展不仅可以增加企业的销售额和盈利能力，同时也可以为生态系统中的其他参与方带来更多的商机和合作机会，从而推动整个生态系统的发展和壮大。

总之，战略联盟作用的发挥在一定程度上会通过生态系统传导到企业的价值共创体系，从而促进企业的价值共创。

五、生态系统助力盈利模式推动价值共创

盈利模式、生态系统与价值共创的实证分析表明，生态系统在盈利模式对价值共创的影响过程中发挥部分中介作用。即盈利模式不仅可以直接影响平台企业的价值共创，还可以通过生态系统间接地促进价值共创。

首先，良好的盈利模式很可能会改变生态系统中各个参与方之间的资源分配关系，使企业或组织在生态系统中占据主导地位，获得更多的资源，进而更好地实现价值共创。

其次，企业所拥有的良好的盈利模式还可以通过激励推动生态系统中的各个参与方实现共同的价值创造与合作。一个有效的盈利模式可以提供给参与方足够的激励和回报，鼓励他们在生态系统中发挥积极的作用。例

如，一个基于共享经济的盈利模式可以通过给予共享平台提供者和用户相应的收益，促进资源的共享和优化利用，从而实现更高效的经济和社会效益。

此外，盈利模式也会影响生态环境中的创新合作，进而对企业的价值共创产生影响。良好的盈利模式能够提高企业获得的利润，鼓励企业之间的合作和共享，促进创新和协同发展，从而对生态系统产生积极的影响，推动价值共创与实现。

总之，处于一定生态系统内的平台企业，其发展会受到生态系统的影响。盈利模式的实行、升级等会通过生态系统影响企业的价值共创进程，从而对价值共创产生一定的影响。

六、平台企业借助互联网技术有利颠覆了传统商业模式

平台企业借助互联网技术，成功地颠覆了传统商业模式。互联网的快速发展和普及使平台企业能够以全新的方式连接供需双方，改变了传统商业运营的规则和方式。

首先，平台企业借助互联网技术构建多边平台生态系统。平台企业通过吸引多方参与，构建了一个多边平台生态系统，包括供应商、消费者、合作伙伴等各种参与方，形成了互利共赢的关系网络。平台企业作为中介，通过提供平台和服务，促进各个参与方之间的交流与合作，实现价值的共同创造。

其次，平台企业为消费者提供了便捷的交易和服务。平台企业利用互联网技术构建了高效便捷的交易平台，使消费者可以通过在线购物、在线支付等方式进行交易。同时，平台还提供了一站式的服务，包括商品推荐、用户评价、售后服务等，为消费者提供了更好的购物体验，有力冲击了传统的购物消费方式。

此外，平台企业还通过互联网技术手段打破了传统行业壁垒。互联网技术使得平台企业能够快速进入传统行业，并与传统企业展开竞争。通过

创新的商业模式和运营方式，平台企业打破了传统行业的壁垒，改变了传统产业的竞争格局，为企业赢得更多价值。

七、开放式创新促进利益相关者网络的构建

开放式创新是指企业与外部利益相关者（如客户、供应商、合作伙伴、学术界和社会组织等）共同合作，共享知识和资源，以实现创新目标。开放式创新的实践不仅促进了创新能力的提升，还有助于构建利益相关者网络。案例企业小米便是以开放式创新为基础，通过合作联盟与多种类型的组织合作，实现资源集成目标，形成了多样化的利益相关者合作网络。

首先，开放式创新能够实现跨界合作与交流。开放式创新促进了不同行业和领域之间的跨界合作与交流，企业与不同背景的利益相关者合作，可以获得来自不同领域的新思路和观点。通过与不同行业的专家和组织合作，企业可以拓展创新的边界，并引入新的思想和方法。

其次，开放式创新使企业之间共同创造价值。开放式创新的核心理念是共同创造价值。企业与利益相关者共同合作，协同解决问题，满足市场需求，并共享创新成果带来的收益，这种共同创造的过程增强了利益相关者之间的互信和合作意愿，促进了网络的构建。

最后，开放式创新有助于构建创新生态系统，使企业与各种利益相关者形成相互依存的关系。这个生态系统由一系列合作伙伴、供应商、客户和其他利益相关者组成，共同推动创新的发展。在这个生态系统中，各方可以分享资源、共担风险、合作创新，并分享成果。这种创新生态系统促进了利益相关者之间的密切联系和紧密合作，有助于构建一个可持续发展的创新网络。

总之，开放式创新能够较好地实现跨界合作与交流，促进企业之间的价值共创，帮助企业构建创新生态系统。

第二节 研究建议

基于前文的研究结论，本节从战略联盟、盈利模式、生态系统角度给出了相应的建议，以期为企业管理实践提供一定的借鉴参考。

一、重视契约治理，维护联盟企业关系

企业应该重视战略联盟的契约治理和关系治理，强化联盟合作意识，促进企业的持续健康发展。企业应该树立契约型战略联盟思想，在建立契约型战略联盟时将拓展自身生态位与保护自身生态位相结合。此外，还要选择合适的联盟伙伴，并适时增强与联盟企业之间的联系。

（一）树立契约型战略联盟思想

从竞争走向联盟，是企业可持续发展的必要保证以及市场经济发展到一定阶段的必然趋势。建立契约型战略联盟，可以使企业从中获得一定的好处，如降低成本、产生规模经济等。同时，契约型战略联盟可以帮助企业实现资源的整合和互补，通过与其他组织建立战略联盟，企业可以共享资源、技术、市场渠道等，充分利用各方的优势，提高自身的竞争力。这样的联盟有助于实现资源的优化配置，提升生产效率和创新能力。对于我国的企业而言，当务之急便是要愿意并且善于通过契约型战略联盟树立联盟意识，进而促进自身得到更快的发展。

在契约型战略联盟中，企业需要制定清晰的契约和规则，确保各方的权益得到保护，并明确合作的范围、目标、责任和利益分配等内容，具体应该包括双方的权利与义务、保密条款、知识产权的管理、风险共担等相关条款。与此同时，企业还应当先明确自身的战略目标，并确定合作伙伴的角色和价值，阐明希望通过战略联盟与合作达到何种效果，如资源整合、共同创新、市场拓展等。此外，持续监督和评估必不可少，企业所参

与的战略联盟需要建立有效的监督和评估机制，确保合作伙伴按照契约履行责任，并对合作的效果进行评估，也可以定期进行联盟绩效评估，及时调整战略和合作方式，以确保合作的持续成功。

（二）将拓展自身生态位与保护自身生态位相结合

拓展某一个或几个维度的生态位是企业建立契约型战略联盟的目的所在。在拓展自身生态位的同时，不能忽略对其余维度生态位的保护。企业拓展自身生态位能够鼓励创新和多元化发展，与不同领域、行业或技术的合作伙伴建立联盟或合作关系，可以获取新的知识、技术和资源，促进创新能力的提升，并开拓新的商业机会。通过拓展自身生态位，企业还可以扩大市场份额，增加销售渠道，拓展产品线，从而增强竞争力。同时，保护自身生态位可以确保企业的核心竞争力和独特价值得以维持，不被其他企业轻易取代，进而分散风险，减少对某一市场或产品的过度依赖，实现更为稳定和可持续的发展。这要求企业建立的契约型战略联盟要具备一定的能力及相关资源，才能在保有原来优势的同时得到进一步的发展。

（三）选择合适的联盟伙伴

联盟伙伴与伙伴间的竞合程度构成了契约型战略联盟生态系统，决定着联盟的收益与稳定性。合适的联盟伙伴应该具备与企业互补的资源和能力，包括技术专长、市场渠道、品牌影响力、人才储备等方面的优势。通过与合适的伙伴合作，企业可以获得自身所缺乏的资源和能力，提高自身竞争力，促进资源要素突破各自依附主体的边界，在联盟组织内部有效流动与传递，进而释放资源要素潜能，以适应快速变化的环境，形成整体竞争优势。同时，联盟伙伴之间可以分担经营风险，并实现共同的成长和利益共享。通过这种合作共赢的合作关系，双方可以共同承担市场波动、技术风险等，在减少单一企业所面临的风险的同时，还可以带来更多的商业机会和增长空间。

但是企业不能仅仅以优秀程度来选择联盟伙伴。一方面，联盟伙伴需要具备一定的优势，企业需要寻找那些具有稳定财务状况和良好发展前景的伙伴，考察其长期潜在发展能力，以确保合作能够长期持续并带来共同的成长机会。另一方面，联盟伙伴与企业的业务应该有一定的联系，否则，毫不相关的企业所构成的联盟很难对企业的发展起促进作用。同时，也可以寻找与企业有共同目标和价值观的潜在伙伴，双方应该有相似的文化价值观、战略方向和愿景，这样有助于建立共同的合作基础，并提高伙伴间的沟通和协作效率，以确保合作的一致性和长期性。

（四）增强联盟企业之间的联系

关系治理是战略联盟得到稳定发展的必要举措，企业应该在业务往来、谈判洽谈等过程中与联盟成员企业形成紧密联系。企业与各联盟企业之间应该增强必要的合作关系，并对之进行适时维护。

对此，一方面，企业需要建立良好的沟通渠道，确保良好、及时、透明的沟通渠道是增强联系的重要基础，例如建立定期沟通机制，包括会议、电话、电子邮件等方式，以便双方可以及时交流信息、解决问题和分享进展；另一方面，企业要确保联盟企业在运营层面上有紧密的联系，建立共同决策机制、问题解决机制和风险管理机制，使双方能够在运营中更好地协调和合作。此外，为进一步加强联盟内伙伴之间的合作与交流，企业之间也可以定期进行互访和交流，加深双方的了解和信任，例如参观对方企业、工厂或项目现场，开展员工交流和学习活动等。

二、致力降本增能，实现业务增长

合适的盈利模式是企业实现发展的必要条件，企业应该致力于降低成本、增加收益，实现业务增长。

（一）制定降本增能措施

降本增能是企业实现收益增加的途径之一，具体可以从以下几方面来制定相应的降本增能措施。

第一，更新观念，转变管理模式。企业全面强化员工树立成本管理理念和节约意识，从管理层做起，使全体形成"降本增能"的意识。具体而言，企业可以鼓励员工提出创新和改进的建议，设立激励机制，奖励那些能够提供有效降本增能方案的员工，激发全员参与和贡献；也可以建立与降本增能目标相匹配的绩效评估机制，设定关键绩效指标，对个人、团队和部门的降本增能成果进行评估和奖励，推动全员参与和持续改进。

第二，严格加强质量管理，铸造"精品服务"。降低成本的同时，企业需要保证其所提供产品或服务的质量，只有这样，降低成本的举措才有可能真正创造收益。

第三，加强严细管理。企业应该对自身的运营过程加以认真周密的组织，做到切实把握每一道关卡，方能对自身有全面、清醒的认知，从而制定恰当的管理举措。

第四，完善制度促进降本增能。制度是企业发展的关键因素，要降本增能，首先要从制度上解决问题，避免制度的浪费和缺失，用制度来促进和保障降本增能。企业要定期对自身的各项规章制度进行梳理、清理，把过期的、不能适应当前和今后管理与发展要求的制度进行废除、修改、完善、补充，让制度成为促进企业降本增能的催化剂。要制定、完善促进企业降本增能的制度，让降本增能成为员工思想、工作的首要思考条件，首先要把好降本增效的源头关，而后是制定管理制度，用文件明确制度管理。制度的制定、修改流程与权限，以及部门职责明确是这个制度的关键点。同时，制度管理是一个常抓常新而长效的事情，要坚决杜绝一劳永逸的思想，定期整理，定期修改，定期发布。

（二）实现业务增长

业务增长是企业增加盈利的重要途径之一，企业可以通过扩大业务范围、实现技术升级、精准营销等方式实现自身的业务增长。

第一，扩大业务范围。企业实现业务增长的途径之一就是扩大业务范围。具体地，企业可以先进行市场调研和分析，了解目标市场的需求和竞争情况，确定潜在的市场机会和发展趋势，为扩大业务范围提供基础数据和市场情报。进而通过开发新产品或者服务来吸引用户，以扩大自身在市场上的占有率。随后寻找新的客户群体，拓展业务范围，通过市场细分和定位，针对不同的客户群体进行定制化营销和推广活动，吸引新的客户并扩大市场份额。

第二，实现技术升级。企业通过技术升级等方式升级自身产品或者服务，能够吸引到一定量的新用户，从而实现业务增长。具体而言，企业可以根据评估和需求分析的结果，制订详细的技术升级计划，如升级的目标、时间表、资源需求、责任人等，并将其与企业的战略规划相对应。同时，为员工提供必要的技术培训，通过内部培训、外部培训、知识分享等方式，提高员工的技术水平，使其掌握新技术的知识和使用方法，确保技术升级的顺利推进。

第三，分析市场需求，进行精准营销。企业的产品或服务的受众定位是否准确关系到企业能否获得尽可能多的业务订单。因此，企业可以通过分析市场需求，精准定位企业产品的受众用户，从而进行精准营销，使得企业的业务得到增长。此外，企业还可以对竞争对手进行分析，了解其产品、定价、营销策略等，通过比较和评估，找出自身的竞争优势和差异化点，满足市场需求，吸引目标客户。

三、增强信息共享，提升动态能力

企业应该尽可能多地从系统内获得有用信息，不断增强整合、创建、重构内外资源从而在变化多端的外部环境中不断寻求和利用机会的能力。

（一）强化环境意识

系统思想的重要内容之一便是环境意识或环境观念。企业增强环境意识，能够及时应对市场变化，把握市场机遇，进而提高竞争力和长期发展能力。可以说，环境分析是系统分析不可或缺的一环，要对系统有一定的把握，就必须清楚地知道企业在什么环境里，环境对企业有什么样的影响，企业要如何回应这种影响。只有具备一定的环境意识，企业才有可能及时把握环境所给予的机遇，及时发展自身。

对此，企业需要密切关注市场的变化和趋势，包括技术创新、政策法规、消费者偏好、竞争态势等方面的变化，及时跟踪和分析市场动态，洞察市场机遇和挑战。同时，企业还可以营造一个重视环境意识的组织文化，将环境导向融入企业价值观和行为准则，激励员工主动关注市场环境、积极创新，并将市场需求放在首位。

（二）即时获取信息

处于系统内的企业需要即时从系统获得对自身有用的信息，提升自身对信息的感知、获取能力，使得企业能够及时抓住发展机遇。

企业为了能够在生态系统中即时获取信息，使用了监测和分析工具来跟踪和分析生态系统内的数据和信息，这些工具可以帮助企业实时了解生态系统的变化、趋势和机会，从而支持决策和行动的制定；也可以利用数字平台和数据共享技术，在生态系统内实现实时的数据交换和共享，通过建立统一的数据接口和标准，不同组织之间可以即时地获取和分析数据，从而获得更全面的市场情报。

（三）提升动态能力

动态能力的强弱决定企业整合、创建、重构内外资源的能力的强弱，企业应切实增强自身的动态能力，使其能够充分利用一定的资源，进而发展自身。具体而言，企业提升其动态能力可以通过强化组织学习能力的方式来实现，企业可以创建学习型组织，促进知识共享和团队合作，建立反馈机制和持续改进流程，从过去的经验中吸取教训，并将其应用于未来的决策和行动中。

第三节　总结

本章主要对相关的研究结论进行总结，共得出七点结论，包括：①战略联盟、盈利模式有助于促进平台企业价值共创；②战略联盟、盈利模式有助于企业生态系统的构建与发展；③生态系统为企业价值共创打造发展条件；④生态系统促进战略联盟改进价值共创；⑤生态系统助力盈利模式推动价值共创；⑥平台企业借助互联网技术有利颠覆了传统商业模式；⑦开放式创新促进利益相关者网络的构建。而后，本书根据研究结论，从战略联盟、盈利模式以及生态系统的角度对企业管理提出了相应的建议：①重视契约治理，维护联盟企业关系；②致力降本增能，实现业务增长；③增强信息共享，提升动态能力。

第七章

不足与展望

本章在前面章节研究的基础上，阐述本书在调查研究、理论分析和变量选取等方面的不足之处，并基于不足之处对未来的研究进行了展望。

第一节 研究不足

本书围绕战略联盟、盈利模式、生态系统和价值共创四个变量展开研究，构建了"战略联盟、盈利模式—生态系统—价值共创"的研究模型，通过实证分析过程探究四者之间的关系及它们之间的作用机理。本研究具有一定的现实意义和理论意义，但是受到笔者个人主观能力和客观条件的束缚，研究仍然存在一些缺陷和不足，待在今后研究中改善和规避。

第一，调查研究方面。本书的调查过程包括问卷调查和访谈。其中，问卷调查的过程包括设计问卷、发放问卷、整理数据等。问卷的设计尽管考究了前人文献中的研究并结合实际情况不断改良，但受主客观条件限制，问卷内容仍有待丰富与改善。再者，由于问卷数据主要是通过网络对平台企业的相关人员进行调查而得到的，选取的对象较为随机，虽然所获得的样本量基本满足了研究需要且通过了信度和效度检验，但企业分布在各个地域，在经济发展水平和文化背景等方面差异较大，可能会造成收集到的数据存在一定的差异。

第二，理论分析方面。本书基于实证过程所得到的结果是客观的，但在结果的逻辑分析中，仍存在个别逻辑解释并不深入的问题。此外，在整理国内外学者在战略联盟、盈利模式、生态系统和价值共创四个方面的文献时，由于主客观条件的限制，本书未能做到全面、透彻地分析，对战略联盟、价值共创等理论的理解还有待进一步深入，分析的逻辑性还有待加强。

第三，变量选取方面。在研究平台企业价值共创的过程中，本书只考究了战略联盟、盈利模式、生态系统及价值共创四者之间的关系，但事实上，在前期调研的过程中，能够发现还有其他可能影响平台企业价值共创的因素，如政府扶持等。本书只考虑了上述三个方面因素，在一定程度上会影响模型的拟合度和研究结论的准确性。在后续研究中，笔者将考虑引入或者使用其他的相关变量。

第二节　未来展望

价值共创是未来企业发展的大趋势之一。对于平台企业而言，如何更好地参与价值共创是其应该关注的重点之一。因此，本书对平台企业价值共创的影响因素进行了探究。除此之外，对该方向的研究还有下面展望。

一、生态系统的中介作用研究拓展

近年来，许多学者意识到研究生态系统的可行性与必要性。企业的发展离不开生态系统。本研究虽然探讨了生态系统在战略联盟与价值共创以及盈利模式与价值共创之间的中介作用，但总体探究仍不够深入，且本书探究只涉及战略联盟与盈利模式两个自变量，研究的广度也有待延伸。总之，生态系统的中介作用仍是值得探究的议题。

二、调查问卷和理论分析方面

在调查问卷方面，后续的研究可以尽可能地扩大样本的调查规模，增加样本容量。另外，要注重工作人员和问卷填写者的专业素质，以保证样本数据的质量。在理论分析方面，由于所触及的文献资源有限，理论分析仍不够全面，对各个变量间关系的论述和维度划分还有待进一步丰富。因此，在后续的研究中，应扩大文献检索范围，进一步丰富相关的理论知识和文献综述。

三、变量选取和研究工具方面

如果要更全面地考虑可能影响价值共创的因素，未来的研究可以考虑如政府扶持、技术创新等相关变量，使构建的模型更加完善，研究得出的结论更加全面且更具有说服力。此外，后续在研究平台企业价值共创时，可以考虑通过建立起可视化的数学模型，利用结构方程模型、时间序列分析、面板数据回归分析等方法对机构展开研究，使用于分析的数据更加客观准确，有效避免问卷填写者的主观性。

总之，后续的研究思路并不限于此，关于企业价值共创的研究课题还有更多、更广的领域可供研究。

第三节 总结

本章主要针对本书研究的不足之处以及未来展望进行说明。其中，从调查研究、理论分析及变量选取等方面来阐释本研究的不足之处，在调查研究方面指出，受主客观条件限制，问卷内容仍有待丰富与改善，并且选取的对象较为随机，企业分布的各个地域在经济发展水平和文化背景等方面差异较大，可能会造成收集到的数据存在一定的差异；在理论分析方面和对结果的逻辑分析中，仍存在个别逻辑解释不够深入的问题，分析的逻辑性还有待加强；在变量选取方面，只考虑了战略联盟、盈利模式、生态系统三个方面因素，在一定程度上会影响模型的拟合度和研究结论的准确性。接下来，从生态系统的中介作用研究拓展、调查问卷和理论分析方面、变量选取和研究工具方面来说明对未来研究的展望。在生态系统的中介作用研究拓展方面，本书的总体探究仍不够深入，且本书探究只涉及战略联盟与盈利模式两个自变量，研究的广度也有待延伸；在调查问卷和理论分析方面，后续的研究可以尽可能地扩大样本的调查规模，增加样本容量，并且进一步丰富相关的理论知识和文献综述；在变量选取和研究工具方面，未来的研究可以考虑政府扶持、技术创新等相关变量，使构建的模型更加完善，研究得出的结论更加全面且更具有说服力。

参考文献

[1]艾志红.数字创新生态系统价值共创的演化博弈研究[J].技术经济与管理研究,2023(4):25-30.

[2]白福萍,梁博涵,刘东慧.数字化转型对企业利益相关者价值共创的影响机理与对策[J].财会月刊,2023(12):131-136.

[3]白玉芹,张芸.媒体深融背景下传媒业新型盈利模式分析[J].青年记者,2022(5):62-64.

[4]蔡莉,尹苗苗.新创企业学习能力、资源整合方式对企业绩效的影响研究[J].管理世界,2009(10):1-10+16.

[5]蔡猷花,孟秋语,陈国宏.价值共创视角下核心企业主导型众创空间的合作创新演化博弈研究[J].中国管理科学,2022(12):2-62.

[6]曹冰,金永生,李朝辉,等.虚拟品牌社区顾客价值共毁行为维度探索与量表研究[J].财经论丛,2023(5):91-101.

[7]陈红,赵荣权,朱震,等.战略联盟与股价崩盘风险[J].当代财经,2023(5):52-64.

[8]陈佳贵.战略联盟:现代企业的竞争模式[M].广州:广东经济出版社,2000.

[9]陈婧,潘飞.人工智能时代财务共享服务研究——以科大讯飞为例[J].江苏商论,2023(4):82-86.

[10]陈凌子,周文辉,周依芳.创业孵化平台价值共创、动态能力

与生态优势［J］．科研管理，2021（12）：10-18．

［11］陈思睿，杨桂菊，王彤．后发企业的颠覆性创新机理模型——基于小米公司的探索性案例研究［J］．管理案例研究与评论，2019（4）：365-382．

［12］陈文瑞，叶建明，曹越，等．战略联盟与公司税负［J］．会计研究，2021（3）：72-86．

［13］陈晓暾，张蝶，王钰，等．基于价值共创视角的责任型领导作用机理研究［J］．价格理论与实践，2021（10）：189-192+196．

［14］成程，陈彦名，黄勃．战略联盟对中国企业国际化的影响研究——来自上市公司公告大数据文本分析的证据［J］．国际贸易问题，2022（6）：159-174．

［15］成琼文，赵艺璇．创新生态系统知识融合的组态路径研究［J］．科研管理，2023（7）：41-49．

［16］程虹，陈川，李唐．速度型盈利模式与质量型盈利模式——对企业经营绩效异质性的实证解释［J］．南方经济，2016（6）：18-37．

［17］程松松，赵芳，刘鸿宇．企业共生导向与战略性新兴产业集聚圈价值共创［J］．企业经济，2023（2）：100-107．

［18］戴亦舒，叶丽莎，董小英．创新生态系统的价值共创机制——基于腾讯众创空间的案例研究［J］．研究与发展管理，2018（4）：24-36．

［19］邸晓燕．新兴产业形成中的产业技术创新战略联盟标准：概念内涵与现实需求［J］．科学管理研究，2017（2）：54-57．

［20］丁见，李宝强．企业战略联盟组织结构模式分析［J］．商业时代，2011（21）：83-84．

［21］丁熊．顾客融入视角下服务价值共创的类型、维度及效果［J］．包装工程，2023（6）：25-32．

［22］董保宝，葛宝山，王侃．资源整合过程、动态能力与竞争优势：机理与路径［J］．管理世界，2011（3）：92-101．

［23］杜晶晶，郝喜玲．数字创业背景下创业机会研究综述与未来展望［J］．河南大学学报（社会科学版），2023（1）：20-26+152．

［24］段淳林，邹嘉桓，魏方．技术可供性视角下的品牌价值共创模式研究——基于服务型制造分析［J］．新闻爱好者，2022（5）：44-47．

［25］樊友平，陈静宇．公司战略联盟选择的决策方法研究［J］．中国软科学，2000（8）：102-105．

［26］冯文娜，马佳琪．大数据分析能力影响制造企业服务化绩效机理探究［J］．中央财经大学学报，2022（2）：116-128．

［27］冯媛．科学数据开放共享的价值共创模型及运行机制研究［J］．图书馆，2022（9）：29-37．

［28］高红岩，周雯，孟祥茜茜．基于顾客心理的价值共创机理研究［J］．经济问题，2022（4）：21-28+92．

［29］高婷，湛军．价值共创视角下视频网站商业模式创新的研究——以乐视和优酷为例［J］．管理现代化，2017（4）：36-38．

［30］龚文龙，曹晶晶．双循环新发展格局下直播电商产业价值共创的机制构建与行为实证［J］．商业经济研究，2023（6）：176-180．

［31］郭建峰，王莫愁，刘启雷．数字赋能企业商业生态系统跃迁升级的机理及路径研究［J］．技术经济，2022（10）：138-148．

［32］郭燕青，刘丹，衣东丰．中小企业创新生态系统困境与优化路径——以山东省为例［J］．企业经济，2015（8）：16-19．

［33］郭永辉，夏冬秋．军民科技信息共享的价值共创系统及运行机制研究［J］．情报理论与实践，2022（1）：63-70+85．

［34］郭长娥，王强，苏中锋．企业数字化转型的价值实现：国际研究进展与展望［J］．科学学与科学技术管理，2023（6）：32-49．

［35］韩兰华，史贤华．大数据背景下企业战略联盟结构模式选择研究［J］．绥化学院学报，2019（11）：15-17．

［36］韩少杰，苏敬勤．数字化转型企业开放式创新生态系统的构

建——理论基础与未来展望［J］. 科学学研究, 2023（2）: 335-347.

［37］郝书俊, 陈存霞. 基于互联网社群商业价值的企业营销创新探究［J］. 商业经济研究, 2021（11）: 78-81.

［38］郝政, 马静, 张勇. 从价值依附到自主创新: 科技型中小企业技术赶超的驱动因素和模式构建——基于创新生态系统理论的组态分析［J］. 现代财经（天津财经大学学报）, 2023（7）: 91-105.

［39］何玉婷, 曾雪云, 曲扬. Facebook的商业生态系统建设与盈利模式［J］. 财务与会计, 2019（14）: 18-21.

［40］侯二秀, 徐嵘琦, 尹西明, 等. 数字时代的企业创新生态系统治理研究综述［J］. 技术经济, 2022（11）: 78-93.

［41］侯二秀, 杨磊, 长青, 等. 核心企业创新生态系统的构建机理研究——以蒙草为例［J］. 管理案例研究与评论, 2022（5）: 526-546.

［42］胡国栋, 罗章保. 中国本土网络组织的关系治理机制——基于自组织的视角［J］. 中南财经政法大学学报, 2017（4）: 127-139.

［43］胡海波, 卢海涛. 企业商业生态系统演化中价值共创研究——数字化赋能视角［J］. 经济管理, 2018（8）: 55-71.

［44］胡上舟. 组织行为学在企业经营管理中的应用——以海底捞为例［J］. 商场现代化, 2023（1）: 76-78.

［45］胡顺顺, 姚威, 毛笛. "一带一路"高校战略联盟的价值属性及其制度表达［J］. 湖北社会科学, 2021（9）: 132-140.

［46］胡晓, 杨德林, 马倩, 等. 技术孵化器组合管理机制研究: 价值共创视角［J］. 南开管理评论, 2023（1）: 182-196.

［47］胡孝平, 李玺. 顾客心理授权对顾客价值共创的作用机理研究［J］. 企业经济, 2022（4）: 115-123.

［48］胡阳, 张萍萍, 郑晓娜. 社区团购可持续盈利模式问题与对策［J］. 商业经济研究, 2022（1）: 77-80.

［49］胡勇军. 我国物流企业战略联盟模式研究［J］. 商业时代,

2011（14）：30-32.

［50］华东，史安娜. 博弈理论视角下中药产业技术创新战略联盟信任机制的构建［J］. 中国药房，2021（20）：2438-2444.

［51］华东，史安娜. 医药产业技术创新战略联盟信任机制构建影响因素研究——基于博弈理论视角［J］. 中国新药杂志，2021（23）：2141-2146.

［52］黄勃，李海彤，江萍，等. 战略联盟、要素流动与企业全要素生产率提升［J］. 管理世界，2022（10）：195-212.

［53］黄昌瑞，陈元欣，何凤仙，等. 美国大型体育场馆的盈利模式及启示［J］. 体育文化导刊，2017（12）：126-131.

［54］黄宏斌，闵倩莹，邢继波. 集团内部协同创新的价值创造研究——以中铁建集团为例［J］. 财会通讯，2022（14）：92-97.

［55］黄琨，杨千帆，陈芃. 商业银行盈利模式与流动性创造——基于"表内外"双视角的实证研究［J］. 金融监管研究，2022（2）：1-15.

［56］黄速建，黄群慧. 企业管理科学化及其方法论问题研究（上）［J］. 经济管理，2005（20）：4-22.

［57］黄小唐，马春英. 对小米公司的战略成本管控分析［J］. 市场周刊，2021（5）：104-106.

［58］姜尚荣，乔晗，张思，等. 价值共创研究前沿：生态系统和商业模式创新［J］. 管理评论，2020（2）：3-17.

［59］姜雪松，徐鑫，徐妍，等. 基于数字经济的短视频自媒体盈利模式研究［J］. 商业经济研究，2022（19）：88-92.

［60］蒋惠凤，刘益平. 平台金融生态系统供给侧战略联盟的合作机制研究［J］. 系统科学学报，2023（2）：104-110.

［61］解学梅，王宏伟. 开放式创新生态系统价值共创模式与机制研究［J］. 科学学研究，2020（5）：912-924.

［62］金威，郭生萍，俞建强，等. PPP+EPC模式下的重大工程价值

共创实现路径研究［J］. 建筑经济，2023（3）：38-47.

［63］雷尚君，谭洪波. 数字平台参与服务价值共创的机理及路径研究［J］. 价格理论与实践，2021（5）：177-180+196.

［64］李安，刘冬璐. 元宇宙品牌营销生态系统的重构逻辑与策略［J］. 现代传播（中国传媒大学学报），2022（12）：161-168.

［65］李兵宽，乐国林. 试析场域共生性大学战略联盟：内涵与结构要素［J］. 高教探索，2013（6）：18-22.

［66］李冬辉. 区块链技术下电子商务平台价值共创体系构建［J］. 商业经济研究，2020（18）：97-100.

［67］李海廷，周启龙. 虚拟品牌社区价值共创行为的影响机制研究——以在线交互意愿为调节变量［J］. 华东经济管理，2023（1）：119-128.

［68］李恒毅，宋娟. 新技术创新生态系统资源整合及其演化关系的案例研究［J］. 中国软科学，2014（6）：129-141.

［69］李剑玲，王卓. 商业生态系统商业模式创新［J］. 学术交流，2016（6）：124-129.

［70］李力，孙璐，王加阳. 开放创新联盟IT价值共创实证研究［J］. 科学学与科学技术管理，2015（3）：23-36.

［71］李鹏，杨莘博，谭忠富，等. 终端能源互联网平台典型应用场景及商业模式研究［J］. 电力建设，2022（3）：112-122.

［72］李琦，陆思博. 行政距离与战略联盟达成——基于中国企业的实证分析［J］. 现代经济探讨，2022（6）：47-58.

［73］李瑞，李北伟，高岩. 地方智库战略联盟知识协同服务模式构建与推进策略研究［J］. 情报科学，2023（2）：101-106+117.

［74］李树文，罗瑾琏，胡文安. 从价值交易走向价值共创：创新型企业的价值转型过程研究［J］. 管理世界，2022（3）：125-145.

［75］李树文，罗瑾琏，张志菲. AI能力如何助推企业实现价值共

创——基于企业与客户间互动的探索性案例研究［J］.中国工业经济，2023（5）：174-192.

［76］李巍，明荷汶，庞青丹.路径依赖对公司数字创业的抑制及免疫机制研究［J］.科技进步与对策，2022（4）：91-100.

［77］李巍，谈丽艳，张玉利."借鸡生蛋"还是"引狼入室"？——新创企业战略联盟的效应机制研究［J］.管理工程学报，2022（2）：1-10.

［78］李妍，李天柱.5G企业创新生态系统演化模型：华为公司的案例研究［J］.科学学与科学技术管理，2023（1）：141-162.

［79］李勇.利率市场化背景下我国商业银行盈利模式转型探究［J］.宏观经济研究，2016（6）：73-85+126.

［80］李垣，刘益，张延峰，等.网络环境下的战略联盟管理模式研究［D］.西安：西安交通大学，2005.

［81］李悦.全渠道零售体验、顾客参与价值共创与品牌形象塑造［J］.商业经济研究，2022（4）：69-72.

［82］李韵捷，梁静鑫，王明亮.价值共创导向的高校创新创业生态系统治理［J］.科技管理研究，2023（8）：118-126.

［83］梁露丝.浅析腾讯网络营销盈利模式的创新［J］.知识经济，2009（4）：94.

［84］林朝阳.社交电子商务模式盈利困境及突破——以蘑菇街、美丽说为例［J］.商业经济研究，2018（6）：70-72.

［85］林霜，黄若涵.价值网络背景下设计产业价值共创机制研究［J］.包装工程，2023（12）：321-327+331.

［86］林艳，周洁.数字化赋能视角下制造企业创新生态系统演化研究［J］.科技进步与对策，2023.

［87］刘刚，熊立峰.消费者需求动态响应、企业边界选择与商业生态系统构建——基于苹果公司的案例研究［J］.中国工业经济，2013（5）：122-134.

[88] 刘高福, 李永华. 用户互动对价值共创行为的影响研究——以线上健身社区为例 [J]. 江西社会科学, 2021 (12): 197-207+256.

[89] 刘锦宏, 王怀震. 专业出版知识服务盈利模式探究——以法制专业数字出版为视域 [J]. 出版广角, 2021 (23): 36-40.

[90] 刘抗英. 食用菌营销企业的商业生态系统建设与盈利模式 [J]. 中国食用菌, 2020 (4): 117-119.

[91] 刘林舟, 武博, 孙文霞. 产业技术创新战略联盟稳定性发展模型研究 [J]. 科技进步与对策, 2012 (6): 62-64.

[92] 刘璐瑶, 李佳欣, 张桓森. 字节跳动的生存机遇与发展问题分析——以抖音为例 [J]. 现代商业, 2022 (25): 103-105.

[93] 刘世勇, 郭开仲, 孙东川. 管理科学中的一个创新性研究——错误理论的提出、进展和展望 [J]. 管理学报, 2010 (12): 1749-1758.

[94] 刘铁鑫, 杜静然, 伊茹罕. 数据驱动能力、创新生态系统"占位"与企业高质量创新——以小米为例 [J]. 财会月刊, 2023 (4): 105-114.

[95] 刘文纲, 曹学义. 付费会员制能否成为国内零售企业的一种盈利模式——基于供应链控制力的分析 [J]. 商业经济研究, 2021 (7): 84-86.

[96] 刘晓丽, 王志勇. C2M 电商平台价值共创过程及升级演化机制分析 [J]. 财会月刊, 2020 (22): 127-134.

[97] 刘欣, 谢礼珊, 黎东梅. 旅游服务机器人拟人化对顾客价值共创意愿影响研究 [J]. 旅游学刊, 2021 (6): 13-26.

[98] 刘雪芹, 张贵. 成熟企业创新生态系统的变革式演化与竞争优势再造 [J]. 科技管理研究, 2022 (22): 116-122.

[99] 刘智焕. 企业与核心供应商战略联盟关系的建构研究——基于广州XX科技公司供应链优化的视角 [J]. 现代职业教育, 2018 (6): 152-153.

[100] 龙怒. 生态关系视角下的企业战略联盟研究 [D]. 武汉. 中南

财经政法大学, 2006.

［101］龙勇, 赵艳玲. 企业战略联盟组织模式选择模型及效率边界内涵研究［J］. 软科学, 2011（3）: 100-104.

［102］芦勇, 李允, 杨晶. 电子商务企业盈利模式优化问题探讨［J］. 商业经济研究, 2019（24）: 78-80.

［103］陆凯. 流通企业的战略联盟、信息通信技术和顾客关系绩效［J］. 财富时代, 2020（2）: 151.

［104］陆瑶, 李巍, 李雨洋. 战略联盟、市场双元与农村创业企业绩效［J］. 西南大学学报（社会科学版）, 2021（1）: 62-71+226.

［105］陆玉梅, 高鹏, 朱宾欣. 知识和资金投入决策下产业技术创新战略联盟合作研发模式研究［J］. 工业工程与管理, 2019（5）: 154-160+169.

［106］路丽华. 数字出版环境下终端阅读市场新需求和盈利模式［J］. 编辑学刊, 2023（1）: 13-18.

［107］吕波, 漆萌, 葛鑫月. 独角兽企业创新能力与区域创新生态系统耦合机制研究［J］. 科技管理研究, 2023（3）: 1-9.

［108］吕力. 管理科学理论为什么与实践脱节——论管理学研究中"求真"与"致用"的矛盾［J］. 暨南学报（哲学社会科学版）, 2011（3）: 1-8+207.

［109］马成樑, 王国进. 当代管理科学研究方法评述［J］. 现代管理科学, 2004（3）: 32-34.

［110］马春华. 基于扩展杜邦分析法的我国中小企业盈利模式优化路径分析研究［J］. 经济问题探索, 2012（10）: 85-88.

［111］毛立静, 卫海英. 服务"礼"化: 服务仪式对品牌体验的影响［J］. 暨南学报（哲学社会科学版）, 2022（3）: 49-62.

［112］梅国平, 何珏, 万建香. 服务供应链系统价值共创行为协调机制研究［J］. 系统工程学报, 2022（2）: 263-274.

[113] 梅蕾, 隗乐香, 陈姗姗. 考虑顾客体验的泛知识短视频平台用户价值共创意愿研究——以 bilibili 平台为例 [J]. 价格理论与实践, 2023 (1): 127-130+203.

[114] 孟炯, 王潇, 杜明月. 大数据赋能的 C2B 个性化定制价值共创机制创新 [J]. 科技管理研究, 2022 (20): 180-188.

[115] 牛明俊, 谢雨萌. 小米公司多元化竞争战略的优化研究 [J]. 中国商论, 2023 (5): 97-102.

[116] 欧阳井凤, 邢金明, 岳晓波. "体教融合"的新生境构成、组织形态与体制设计研究 [J]. 沈阳体育学院学报, 2021 (2): 37-43.

[117] 欧志明, 张建华. 企业网络组织的演进及类型研究 [J]. 决策借鉴, 2002 (1): 2-6.

[118] 潘振武. 平台服务费下降对外卖平台盈利模式的影响研究 [J]. 财会通讯, 2023 (8): 146-150.

[119] 裴学亮, 邓辉梅. 基于淘宝直播的电子商务平台直播电商价值共创行为过程研究 [J]. 管理学报, 2020 (11): 1632-1641+1696.

[120] 彭本红, 屠羽, 张晨. 移动互联网产业链的商业生态模式 [J]. 科技管理研究, 2016 (17): 128-133.

[121] 彭俞超, 王南萱, 邓贵川, 等. 数字经济时代的流量思维——基于供应链资金占用和金融获利的视角 [J]. 管理世界, 2022 (8): 170-187.

[122] 乔桂明, 吴刘杰. 多维视角下我国商业银行盈利模式转型思考 [J]. 财经问题研究, 2013 (1): 48-52.

[123] 乔晗, 徐君如, 张硕. 基于系统动力学的社群电商价值创造影响效应研究 [J]. 系统工程理论与实践, 2023.

[124] 钱贵明, 阳镇, 陈劲. 平台企业生态垄断的解构与治理 [J]. 电子政务, 2023 (8): 90-104.

[125] 青雪梅. 契约型战略联盟生态系统构建及其稳定性研究 [D].

重庆：重庆大学.2016.

［126］沈佳坤，张军，陈娟.应用型高校的校企融通创新模式与动力机制——区域创新生态系统的多案例研究［J］.高校教育管理，2023（3）：100-110+124.

［127］沈思涵，石丹.揭秘字节跳动，那些"跳动"背后的局［J］.商学院，2022（6）：86-90.

［128］舒敏.电力2.0时代共享储能盈利模式分析［J］.储能科学与技术，2022（11）：3720-3721.

［129］宋海燕，李光金.基于价值网的盈利模式要素分析［J］.理论探讨，2012（6）：102-105.

［130］孙冰，周大铭.基于核心企业视角的企业技术创新生态系统构建［J］.商业经济与管理，2011（11）：36-43.

［131］孙楚，曾剑秋.共享经济时代商业模式创新的动因与路径——价值共创的视角［J］.江海学刊，2019（2）：102-108+254.

［132］孙静林，穆荣平，张超.创新生态系统价值共创：概念内涵、行为模式与动力机制［J］.科技进步与对策，2023（2）：1-10.

［133］孙新波，孙浩博.数字时代商业生态系统何以共创价值——基于动态能力与资源行动视角的单案例研究［J］.技术经济，2022（11）：152-164.

［134］谭博，杨文婷."三马同槽"：开创企业战略联盟合作新模式［J］.商场现代化，2013（30）：57-58.

［135］汤谷良.财务估值原理引领企业战略规划与盈利模式转型［J］.北京工商大学学报（社会科学版），2021（2）：1-9.

［136］汤婷婷，向明洁，谢德新.粤港澳大湾区职业教育战略联盟建设：基本现状、实践困境与优化路径［J］.中国职业技术教育，2023（1）：70-75.

［137］唐小我，井润田，李仕明.知识经济时代企业竞争的新特

点［J］．电子科技大学学报（社科版），1999（1）：53-56．

［138］田虹，田佳卉，张亚秋．顾客参与价值共创、顾客知识转移与企业双元创新［J］．科技进步与对策，2022（8）：121-130．

［139］童红霞，邓晰隆．公司创业导向下多元主体的价值共创与分享机制研究［J］．科学管理研究，2022（1）：110-118．

［140］童珍珍，王明国．EVA模型在小米公司价值评估的应用［J］．全国流通经济，2020（15）：100-101．

［141］涂锦，陈李梅，谢其莲．科技服务协同发展模式——交易费用视角［J］．科技管理研究，2021（15）：158-163．

［142］王发明，朱美娟．创新生态系统价值共创行为协调机制研究［J］．科研管理，2019（5）：71-79．

［143］王庚，庄尚文，孙治宇．零售业通道费模式转型：现象、动因和趋势［J］．消费经济，2021（6）：40-49．

［144］王国顺，黄金．零售企业的盈利模式与价值链优化［J］．北京工商大学学报（社会科学版），2012（2）：7-12．

［145］王浩，边鹏飞，陈奕林．技术创新效率视角下AI企业战略联盟伙伴选择——以科大讯飞为例［J］．天津商业大学学报，2022（1）：40-46．

［146］王健，庄新田，姜硕．基于组织承诺的企业员工激励机制设计［J］．运筹与管理，2013（2）：222-228．

［147］王金凤，陆政林，夏鑫．协同共生视角下互联网医疗的运行逻辑与盈利模式［J］．财会月刊，2022（3）：116-122．

［148］王静．数字化供应链金融生态系统推动产融协同发展研究［J］．新金融，2022（10）：39-46．

［149］王静．碳达峰碳中和目标下现代能源供应链生态系统高质量发展研究［J］．社会科学研究，2023（4）：65-73．

［150］王玖河，孙丹阳．价值共创视角下短视频平台商业模式研究——

基于抖音短视频的案例研究［J］．出版发行研究，2018（10）：20-26.

［151］王敏．数字化转型背景下价值共创与老字号品牌经营绩效——基于线上虚拟社群的微观数据检验［J］．商业经济研究，2022（22）：82-85.

［152］王倩，柳卸林．企业跨界创新中的价值共创研究：基于生态系统视角［J］．科研管理，2023（4）：11-18.

［153］王琴．基于价值网络重构的企业商业模式创新［J］．中国工业经济，2011（1）：79-88.

［154］王瑞元．创新驱动亚麻籽油产业战略联盟和核桃油产业战略联盟的发展——在2021年国家亚麻籽油及欧米伽-3油脂产业创新战略联盟与国家核桃油及核桃加工产业创新战略联盟联合年会上的致辞［J］．中国油脂，2021（6）：171-172.

［155］王圣，任肖．新冠疫情下海运业整合行为对运营绩效改进研究——基于固定成本限制下盈利模式的选择［J］．价格理论与实践，2021（1）：149-152+175.

［156］王舒扬，朱强，王兴元．中小企业绿色创新多元导向实证研究：基于创新生态系统视角［J］．企业经济，2023（6）：12-21.

［157］王欣．耦合型政企关系的理论建构与中国政企关系的优化方向［J］．西安交通大学学报（社会科学版），2022（6）：21-30.

［158］王鑫，谢庆红，王嘉馨．平台策略对生态系统创新的影响：研究述评与展望［J］．科研管理，2023（5）：23-33.

［159］王影，苏涛永．创新生态系统的知识治理研究综述［J］．科技管理研究，2022（22）：1-7.

［160］王政翔．郑洛新国家自主创新示范区"双创"生态系统创新发展研究［J］．区域经济评论，2022（6）：112-115.

［161］韦美膛．直播电商背景下媒体盈利模式的创新与拓展［J］．传媒，2021（15）：77-78.

［162］魏火艳. 企业生态系统的特征及系统优化策略探析［J］. 企业活力, 2006（12）: 74-75.

［163］魏龙, 党兴华. 惯例复制、资源拼凑与创新催化［J］. 科学学研究, 2022（10）: 1907-1920.

［164］魏雯婧, 罗久富, 杨路培, 等. 农业光伏互补开发与盈利模式研究［J］. 太阳能学报, 2023（3）: 457-464.

［165］魏想明, 刘锐奇. 服务生态系统视角下可持续性价值共创模式构建——基于拼多多平台的案例研究［J］. 学习与实践, 2022（4）: 93-100.

［166］魏想明, 潘佳欣. 基于扎根理论的顾客参与价值共创模式——以小米公司为例［J］. 湖北工业大学学报, 2019（6）: 9-13.

［167］吴安妮, 胡华夏. 企业多主体价值共创的差异化路径研究——以传统零售与电商零售企业为例［J］. 财会通讯, 2023（14）: 87-93.

［168］吴昊. 数字经济背景下农村创业生态系统构建与实施研究［J］. 农业经济, 2022（11）: 125-127.

［169］吴松强, 石岿然, 郑垂勇. 学习型战略联盟: 内涵、特征与理论解释［J］. 现代管理科学, 2008（10）: 68-70.

［170］伍诗雨, 陈菡, 陈少华. 公司治理重构、商业模式迭代与价值共创——基于瑞幸咖啡退市后自救的案例启示［J］. 财务与会计, 2023（7）: 35-39.

［171］武晓丽. 价值共创机制下出版产业的非线性转型［J］. 出版科学, 2023（1）: 50-56.

［172］武玉英, 田萌. 基于生态位理论的企业战略联盟形成研究［J］. 统计与决策, 2008（6）: 174-176.

［173］肖丽娜, 徐强强, 林睿婷, 等. 互联网时代优秀企业文化构建——以小米公司为例［J］. 科技创业月刊, 2019（10）: 68-70.

［174］肖赞军, 万牧昆. 存量竞争下长视频的盈利模式创新与价值链

重构[J]. 湘潭大学学报（哲学社会科学版）, 2022（3）: 94-98.

[175] 谢康, 张廷龙. 从长三角地区实践看我国区域性高校战略联盟的发展与嬗变[J]. 黑龙江高教研究, 2023（2）: 83-91.

[176] 谢智敏, 陈翀. 流动人口对城市创业的影响研究——基于创业生态系统的视角[J]. 中国流通经济, 2023（6）: 65-78.

[177] 辛冲, 李明洋. 创新生态系统中知识基础关系特征与价值共创[J]. 管理科学, 2022（2）: 16-31.

[178] 邢瑞恒, 李梓健. 科大讯飞公司竞争战略研究[J]. 现代商业, 2023（3）: 27-30.

[179] 邢尊明, 孙民治. 体育赛事盈利模式研究[J]. 成都体育学院学报, 2007（5）: 14-18.

[180] 徐二明, 徐凯. 资源互补对机会主义和战略联盟绩效的影响研究[J]. 管理世界, 2012（1）: 93-103, 187-188.

[181] 徐晓丹, 柳卸林, 黄斌, 等. 用户驱动的重大工程创新生态系统的建构[J]. 科研管理, 2023（7）: 32-40.

[182] 徐笑君. 创造让知识涌现的组织环境——以字节跳动为例[J]. 清华管理评论, 2022（12）: 87-95.

[183] 薛卫, 雷家骕, 易难. 关系资本、组织学习与研发联盟绩效关系的实证研究[J]. 中国工业经济, 2010（4）: 89-99.

[184] 严三九. 融合生态、价值共创与深度赋能——未来媒体发展的核心逻辑[J]. 新闻与传播研究, 2019（6）: 5-15.

[185] 颜靖艺, 张捷. 后疫情时代高新区企业创新生态系统优化研究[J]. 科技广场, 2022（6）: 80-89.

[186] 杨路明, 张惠恒, 许文东. 服务主导逻辑下价值共创影响研究[J]. 云南财经大学学报, 2020（5）: 76-91.

[187] 杨明基. 新编经济金融典[M]. 北京: 中国金融出版社, 2015.

[188] 杨硕, 周显信. 品牌价值共创: 理论视角、研究议题及未来展望 [J]. 江海学刊, 2021 (5): 241-247, 255.

[189] 杨新铭. 数字经济: 传统经济深度转型的经济学逻辑 [J]. 深圳大学学报 (人文社会科学版), 2017 (4): 101-104.

[190] 杨秀丽, 邵易珊, 张晓萍, 等. 乡村振兴背景下中医药产业创新生态系统构建 [J]. 卫生经济研究, 2023 (4): 34-37+42.

[191] 杨学成, 刘雯雯. 智能商业中的非线性价值共创机理 [J]. 科技管理研究, 2022 (14): 219-228.

[192] 杨炎坤, 朱箫笛. 家具企业盈利模式问题及对策分析 [J]. 林产工业, 2021 (5): 83-85.

[193] 杨勇, 仝甜甜. 开放策略对数字创业平台企业绩效影响的仿真研究 [J]. 管理学报, 2022 (2): 213-224.

[194] 杨震宁, 吴晨. 规避技术战略联盟运行风险: 自主合作还是政府扶持 [J]. 科研管理, 2021 (5): 21-30.

[195] 姚博闻. 双元战略联盟与创业企业绩效间的关系研究 [D]. 重庆: 西南政法大学, 2020.

[196] 叶笛, 顾蘘讓. 企业跨界商业模式创新路径研究 [J]. 沈阳工业大学学报 (社会科学版), 2022 (5): 449-457.

[197] 伊辉勇, 曾芷墨, 杨波. 高技术产业创新生态系统生态位适宜度与创新绩效空间关系研究 [J]. 中国科技论坛, 2022 (11): 82-92.

[198] 依绍华, 梁威. 传统商业企业如何创新转型——服务主导逻辑的价值共创平台网络构建 [J]. 中国工业经济, 2023 (1): 171-188.

[199] 殷朝晖, 潮泽仪. 知识生产模式Ⅲ背景下国外三大一流学科战略联盟的建设及其启示 [J]. 高教探索, 2021 (4): 78-84.

[200] 尹航, 侯雾珊, 南金伶. 战略联盟伙伴选择、知识搜索与联盟创新绩效关系 [J]. 科技进步与对策, 2021 (14): 108-115.

[201] 雍少宏. 从管理科学的发展看企业文化理论的适应性 [J]. 宁

夏大学学报（哲学社会科学版），1999（3）：90-93.

［202］余可发，金明星. 品牌真实性与价值共创视角下的老字号品牌复兴过程机制——基于李渡酒业品牌案例研究［J］. 管理学报，2022（4）：486-494.

［203］余人，何焱然. 出版业免费盈利模式发展趋势探析［J］. 编辑学刊，2022（1）：14-20.

［204］余玉刚，郑圣明，李建平，等. 管理科学与工程学科"十四五"重点前沿领域的顶层布局与具体内容：面向基础科学理论与国家重大需求［J］. 中国管理科学，2022（5）：1-8.

［205］禹建强，孙亚军. 图书出版上市公司盈利模式及发展趋势分析——以凤凰传媒、出版传媒、中南传媒（2015-2019年）为例［J］. 新闻爱好者，2021（4）：52-56.

［206］袁磊. 企业战略联盟的组织与运作研究［D］. 成都：西南交通大学，2001.

［207］张成志. 国家亚麻籽油及欧米伽-3油脂产业创新战略联盟国家核桃油及核桃加工产业创新战略联盟2021年联合年会上的致辞［J］. 中国油脂，2021（6）：170.

［208］张公一，郭鑫. 价值共创视角下企业信息服务体系构建与发展策略［J］. 图书情报工作，2022（5）：53-62.

［209］张华，顾新. 战略联盟治理对企业突破性创新的影响机理研究［J］. 管理学报，2022（9）：1354-1362.

［210］张继明. "一带一路"倡议下区域高等教育国际化的建设向度及其治理［J］. 江苏大学学报（社会科学版），2023（1）：114-124.

［211］张洁，秦雅萌. 基于内容渠道型战略联盟的媒介融合路径——以今日头条和人民日报为例［J］. 青年记者，2022（10）：117-119.

［212］张磊，于洋航. 组织行为学视域下主动担责行为的概念、整合模型及研究展望［J］. 国外社会科学前沿，2022（5）：15-30.

[213] 张利飞. 高科技企业创新生态系统平台领导战略研究[J]. 财经理论与实践, 2013 (4): 99-103.

[214] 张利平. 商业生态系统理念下企业商业行为进化与优化[J]. 商业经济研究, 2016 (12): 98-99.

[215] 张培, 刘世静. 数字创新生态系统赋能互补者演进过程与内在机制[J]. 科技管理研究, 2023 (10): 179-190.

[216] 张延锋, 刘益, 李垣. 战略联盟价值创造与分配分析[J]. 管理工程学报, 2003, 17 (2): 20-23.

[217] 张新民, 陈德球. 移动互联网时代企业商业模式、价值共创与治理风险——基于瑞幸咖啡财务造假的案例分析[J]. 管理世界, 2020 (5): 74-86+11.

[218] 张新启, 吴雪萍, 肖小虹, 等. 产业技术创新战略联盟稳定性研究述评[J]. 科技管理研究, 2022 (8): 119-124.

[219] 张新香. 商业模式创新驱动技术创新的实现机理研究——基于软件业的多案例扎根分析[J]. 科学学研究, 2015 (4): 616-626.

[220] 张旭泉, 王鑫. 网络视频平台盈利模式创新的反思——以腾讯超前点播加增规则为例[J]. 青年记者, 2022 (4): 115-116.

[221] 张艳楠, 邓海雯, 王磊. 多元参与主体视角下生态脆弱区旅游开发的利益联结机理与价值共创机制研究[J]. 旅游科学, 2022 (4): 56-74.

[222] 张一鸣. "互联网"时代下的小米公司营销策略研究[J]. 商讯, 2021 (3): 20-21.

[223] 张银仓. 全球金融危机背景下我国商业银行盈利模式转型问题研究[J]. 金融理论与实践, 2009 (6): 56-60.

[224] 张莹. 山西省煤炭企业战略联盟治理模式的问题研究[J]. 工业技术经济, 2006 (9): 19-21.

[225] 赵超, 陈雪伟. 平台型企业包围战略实施路径研究——以字节

跳动为例［J］.竞争情报，2022（4）：21-30.

［226］赵观兵，刘宇涵.组态视角下众创空间内多主体价值共创实现路径研究［J］.科技进步与对策，2023（40）：52-61.

［227］赵红，张昆灿，姚鸽.嵌入式创新生态系统平台赋能模型构建与仿真［J］.同济大学学报（自然科学版），2023（5）：643-651.

［228］赵宏霞，杨皎平，荣帅.广告盈利模式下网购平台间的竞争对其质量管控力度的影响［J］.运筹与管理，2022（2）：216-223.

［229］赵菊，王艳，刘龙.在线短租平台的盈利模式及定价策略研究［J］.运筹与管理，2021（9）：139-144.

［230］赵龙文，洪逸飞，莫进朝.政府开放数据价值共创过程及模式研究［J］.情报杂志，2022（10）：147-155.

［231］赵泉午，刘小燕，刘川郁.面向虚拟孵化社区的跨平台资源聚合机制——基于猪八戒网的案例研究［J］.中国科技论坛，2020（12）：124-133.

［232］赵泉午，游倩如，杨茜，等.数字经济背景下中小微企业服务平台价值共创机理——基于猪八戒网的案例研究［J］.管理学报，2023（2）：171-180.

［233］赵新峰，高凡.公共价值共创视角下区域共同体的运行机制与建构方略［J］.天津社会科学，2023（1）：95-103.

［234］赵艳，孙芳.基于碧桂园ESG管理实践的价值共创影响机制研究［J］.会计之友，2022（24）：49-57.

［235］赵艺璇，成琼文，李紫君.共生视角下技术主导型与市场主导型创新生态系统价值共创组态路径研究［J］.科技进步与对策，2022（11）：21-30.

［236］赵艺璇，成琼文，陆思宇，等.创新生态系统中参与者资源获取路径研究——社会嵌入视角的多案例分析［J］.管理学报，2023（2）：159-170.

[237] 郑建, 黄芝香, 钱文文, 等. 创新生态系统视角下的浙江省医药产业创新效率研究 [J]. 中国现代应用药学, 2022 (20): 2645-2651.

[238] 郑帅, 王海军. 数字化转型何以影响枢纽企业创新绩效？——基于模块化视角的实证研究 [J]. 科研管理, 2022 (11): 73-82.

[239] 曾敏刚, 吴倩倩. 供应链设计、供应链整合、信息共享与供应链绩效的关系研究 [J]. 工业工程与管理, 2012 (4): 8-14.

[240] 曾鸣, 王雨晴, 张敏, 等. 共享经济下独立储能商业模式及其经济效益研究 [J]. 价格理论与实践, 2023 (1): 179-183.

[241] 钟耕深, 崔祯珍. 商业生态系统隐喻的价值与局限性 [J]. 山东大学学报（哲学社会科学版）, 2008 (6): 117-122.

[242] 周大森, 时朋飞, 耿飚, 等. 科技型小微企业协同创新路径研究——基于战略联盟视角 [J]. 资源开发与市场, 2021 (10): 1200-1208.

[243] 周青, 高延孝, 刘瑶, 等. 面向"一带一路"企业技术标准联盟的主体互动机制研究 [J]. 管理评论, 2023 (5): 66-76+88.

[244] 周全, 程梦婷, 陈九宏, 等. 战略性新兴产业创新生态系统研究进展及趋势展望 [J]. 科学管理研究, 2023 (2): 57-65.

[245] 周文辉, 邓伟, 陈凌子. 基于滴滴出行的平台企业数据赋能促进价值共创过程研究 [J]. 管理学报, 2018 (8): 1110-1119.

[246] 周艳菊, 申真, 应仁仁. 免费VS.订阅：考虑广告质量的网络内容盈利模式选择 [J]. 中国管理科学, 2021 (7): 202-213.

[247] 周一佳, 石忠义. 消费者诚意动机感知对绿色品牌价值共创意愿的影响——基于自我概念一致性的作用研究 [J]. 商业经济研究, 2023 (14): 38-42.

[248] 周依芳, 王昶, 周文辉. 高成长企业主导逻辑与价值共创适配演化——小米纵向案例研究 [J]. 科技进步与对策, 2023 (3): 63-72.

[249] 朱军, 张文忠. 可持续发展理念下产业学院盈利模式探究 [J].

中国职业技术教育，2021（31）：59-62.

［250］朱理薰. 管理学视角下企业扁平化管理探析——以小米公司为例［J］. 经济研究导刊，2021（29）：147-149.

［251］朱瑶，沈锡宾，王海娟，等. 中国科技期刊编辑部对知识服务认知及建设情况的调查和分析［J］. 中国科技期刊研究，2021（9）：1174-1180.

［252］朱以财，刘志民. "一带一路"高校战略联盟的生成与价值实现路径［J］. 黑龙江高教研究，2022（7）：12-20.

［253］朱以财，刘志民，任扬. "一带一路"高校战略联盟发展的态势、挑战与进路——基于丝绸之路大学联盟、"一带一路"职教联盟的案例考察［J］. 复旦教育论坛，2023（2）：96-102.

［254］朱以财. "一带一路"高校战略联盟的运行模式及行为动因——基于理性选择制度主义的视角［J］. 现代教育管理，2023（3）：58-67.

［255］朱泽钢，程佳佳. 数字经济时代独角兽企业的商业模式研究——以字节跳动为例［J］. 商展经济，2021（24）：102-104.

［256］祝光耀，张塞. 生态文明建设大辞典：第二册［M］. 南昌：江西科学技术出版社，2016.

［257］左钰泉，肖德云. 基于情境双元视角双元战略联盟的内涵分析——以"埃森哲–华为–SAP战略联盟"为例［R］. Proceedings of 4th International Symposium on Social Science，2018.

［258］Anshu Kumari，Shankar Amit，Behl Abhishek，et al. Impact of Barriers of Value Co-Creation on Consumers' Innovation Resistance Behavior：Investigating the Moderation Role of the DART Model［J］. Technological Forecasting & Social Change，2022，184（1）.

［259］Anuar Azyyati，Zulfabli Hasan Mohd，Fazali Ghazali Mohamad，et al. Could Lean Practices and the Theory of Inventive Problem Solving（TRIZ）Improve the Entrepreneurial Ecosystem of Small- and Medium-Sized

Enterprises [J]. Proceedings, 2022, 82 (1): 89.

[260] Assiouras Ioannis, Vallström Niklas, Skourtis George, et al. Value Propositions During Service Mega-Disruptions: Exploring Value Co-Creation and Value Co-Destruction in Service Recovery [J]. Annals of Tourism Research, 2022, 97 (2).

[261] Awano Haruo, Tsujimoto Masaharu. Mechanisms for Business Ecosystem Members to Capture Value through the Strong Network Effect [J]. Sustainability, 2022, 14 (18).

[262] Bin G, Shengyue H, Yi Z, et al. An Entropy Weight-TOPSIS Based Model for Partner Selection of Strategic Alliance of Prefabricated Construction Enterprises [J]. Discrete Dynamics in Nature and Society, 2022 (3): 1-6.

[263] Birdthistle Naomi, Eversole Robyn, Walo Megerssa. Creating an Inclusive Entrepreneurial Ecosystem for Women Entrepreneurs in A Rural Region [J]. Journal of Business Venturing Insights, 2022 (18): 341.

[264] Bo Yang, Yan Wu. Evolution Model and Simulation of Profit Model of Agricultural Products Logistics Financing [J]. IOP Conference Series: Materials Science and Engineering, 2018, 322 (5).

[265] Bo Yang. Analysis on Profit Model of Multi—Information Products Logistics using Evolutionary Game Algorithm [J]. Concurrency and Computation: Practice and Experience, 2019, 31 (9): 4752.

[266] Byron J. Finch Internet Discussions as a Source for Consumer Product Customer Involvement and Qualitinformation: An Exploratory Study [J]. Journal of Operations Managemen, 1996 (5): 535-556.

[267] Cao Yao, Lin Jialing, Zhou Zhimin. Promoting Customer Value Co-Creation through Social Capital in Online Brand Communities: The Mediating Role of Member Inspiration [J]. Computers in Human Behavior,

2022, 137 (5).

［268］Carvalho Pedro, Alves Helena. Customer Value Co-Creation in the Hospitality and Tourism Industry: A Systematic Literature Review [J]. International Journal of Contemporary Hospitality Management, 2023, 35 (1): 250-273.

［269］Cato Susumu, Nakamura Hiroki. Understanding the Function of a Social Business Ecosystem [J]. Sustainability, 2022 (15).

［270］Chengxuan Zhang, Xinye Bian. Value Co-Creation Mechanism of Supply Chain Ecosystem: Based on the Case Study of JD and Haier [J]. Industrial Engineering and Innovation Management, 2022, 5 (6).

［271］Chong Hyung Lee, Kyung Hyun Nam, Dong Ho Par. 1-3 Profit Model under Imperfect Debugging and Optimal Software Release Policy (Proceedings of 14th Reliability Symposium) [J]. The Journal of Reliability Engineering Association of Japan, 2018, 23 (7): 833-838.

［272］Chung Ho Chen, Wen Ren Tsai. The Modified Optimum Profit Model With/Without Product Warranty Period under the Imperfect Quality, Single Supplier, and Multi-Retailers [J]. Journal of Information and Optimization Sciences, 2018, 39 (2): 173-182.

［273］Cluley Victoria, Parker Steven, Radnor Zoe. Editorial: Public Value for all Considering the Parameters of Public Value Co-Creation [J]. Public Money & Management, 2023, 43 (1): 1-3.

［274］Cui Zhengyan, Han Ying. Resource orchestration in the Ecosystem Strategy for Sustainability: A Chinese Case Study [J]. Sustainable Computing: Informatics and Systems, 2022 (36).

［275］Davey Janet, Krisjanous Jayne. Integrated Health Care and Value Co-Creation: A Beneficial Fusion to Improve Patient Outcomes and Service Efficacy [J]. Australasian Marketing Journal, 2023, 31 (1).

[276] Ding Xiaoyan, You Xiang, Zhang Xin, et al. Can Patients Co-Create Value in an Online Healthcare Platform? An Examination of Value Co-Creation [J]. International Journal of Environmental Research and Public Health, 2022, 19 (19).

[277] Eisenhardt K M, Schoonhoven C B. Resource-based View of Strategic Alliance Formation: Strategic and Social Effects in Entrepreneurial Firms [J]. Organization Science, 1996, 7 (2): 136-150.

[278] Forbes S, M Lederman. Does vertical Integration Affect Firm Performance Evidence From the Airline Industry [J]. The RAND Journal of Economics, 2010, 41 (4): 765-790.

[279] Geyao Zhu, Junmin Wu. Research on Listed Bank Profit Model under the I Interest Rate Liberalization [J]. Research on Modern Higher Education, 2017 (2): 1005.

[280] Grant R M, Baden F C. A knowledge Accessing Theory of Strategic Alliances [J]. Journal of Management Studies, 2004, 41 (1): 61-84.

[281] Hao Jiao, Yupei Wang, Hongjun Xiao, et al. Promoting Profit Model Innovation in Animation Project in Northeast Asia: Case Study on Chinese Cultural and Creative Industry [J]. Sustainability, 2017, 9 (12).

[282] Harrigan K R. Joint Ventures and Competitive Strategy [J]. Strategic Management Journal, 1988, 9 (2): 141-158.

[283] He Mingming, Wang Tienan, Xia Houxue, et al. Empirical Research on How Social Capital Influence Inter-organizational Information Systems Value Co-Creation in China [J]. Asia Pacific Business Review, 2022, 28 (4): 1-25.

[284] Heinbach Christoph, Thomas Oliver. Freight Service Platform Ecosystems—Value Co-Creation Durch Einsatz Mobiler Telematik für

Transportladungsträger in Plattform-Ökosystemen [J]. HMD Praxis Der Wirtschaftsinformatik, 2023, 60 (1): 70-88.

[285] Hendricks Jennifer, Schmitz Gertrud. Value Co-Creation in Services for Animal Companions [J]. Journal of Services Marketing, 2022, 36 (6).

[286] Hualei Ju, Guodong Zhang. Analysis on the Profit Model Transformation of Commercial Banks Under the Background of Internet Finance [J]. Academic Journal of Business & Management, 2020, 2 (5): 52-62.

[287] Hussain Ali, Abid Muhammad Farrukh, Shamim Amjad, et al. Videogames-As-A-Service: How Does In-Game Value Co-Creation Enhance Premium Gaming Co-creation Experience for Players [J]. Journal of Retailing and Consumer Services, 2023, 70 (3).

[288] Ifeoma Okonkwo, Chinyere Chizoba Aminat. The Truth About the Operation and Profit Model of Low-Cost Airlines [J]. Journal of Global Economy, Business and Finance, 2021, 04 (05): 01.

[289] J. K A J, Preeti R G. Impact of Customer Perception of Value Co-Creation for Personalization in Online Shopping [J]. International Journal of E-Business Research (IJEBR), 2022, 18 (1): 1-20.

[290] Jed Davis, Britt Lundgren. Addressing Climate Change Via the Farm Powered Strategic Alliance [J]. Dairy Foods, 2022, 123 (1).

[291] Jinghua Li, Li Lin, Ting Zhang. Exploring the Profit Model of Servitising Manufacturers: A Resource-based Perspective [J]. International Journal of Technology, Policy and Management, 2020, 20 (2): 153-176.

[292] Ju Yingying. Complexity Analysis about Formation Mechanism of Residents' Value Co-Creation Behavior in Tourism Communities: Based on the Social Embeddedness Perspective [J]. Journal of Hospitality and

Tourism Management, 2022, 53（2）: 100-109.

[293] Kim H, Lee J N, Han J. The Role of IT in Business Ecosystems [J]. Communications of the ACM, 2010, 53（5）: 151-156.

[294] Li Gang, Wu Jiayi, Li Ning. Identifying the Value Co-Creation Model and Upgrading Path of Manufacturing Enterprises from the Value Network Perspective [J]. Sustainability, 2022, 14（23）: 1-23.

[295] Lipkin Michaela, Heinonen Kristina. Customer Ecosystems: Exploring How Ecosystem Actors Shape Customer Experience [J]. Journal of Services Marketing, 2022, 36（9）: 1-17.

[296] Liu Aijun, Cai Lu, Chen Fan. Evolutionary Path and Sustainable Optimization of an Innovation Ecosystem for a High-Tech Enterprise Based on Empirical Evidence from Hubei Province [J]. Sustainability, 2022, 15（1）.

[297] Martin J G. The Growing use of Strategic Alliances in the Energy Industry [J]. Energy Law Journal, 2002, 27（1）: 28-57.

[298] Maximilian Schreieck, Manuel Wiesche, Helmut Krcmar. From Product Platform Ecosystem to Innovation Platform Ecosystem: An Institutional Perspective on the Governance of Ecosystem Transformations [J]. Journal of the Association for Information Systems, 2022, 23（6）.

[299] Melis Giuseppe, McCabe Scott, Atzeni Marcello, et al. Collaboration and Learning Processes in Value Co-Creation: A Destination Perspective [J]. Journal of Travel Research, 2023, 62（3）.

[300] Miao Rui, Guo Peng, Huang Wenjie, et al. Profit Model for Electric Vehicle Rental Service: Sensitive Analysis and Differential Pricing Strategy [J]. Energy, 2022: 249.

[301] Mohammadi Navid, Karimi Asef. Entrepreneurial Ecosystem Big Picture: a Bibliometric Analysis and Co-citation Clustering [J]. Journal of

Research in Marketing and Entrepreneurship, 2022, 24（1）: 23-38.

［302］Moore J F Business Ecosystems and the View from the Firm［J］. The Antitrust Bulletin, 2006: 51（1）: 31-75.

［303］Mora Cortez Roberto, Freytag Per Vagn, Ingstrup Mads Bruun. Restoring Ecosystem Brands: The Role of Sustainability-Led Innovation［J］. Industrial Marketing Management, 2022, 105（7/8）: 79-93.

［304］Oliveira Duarte Larissa, Vasques Rosana Aparecida, Fonseca Filho Homero, et al. From fashion to farm: Green Marketing Innovation Strategies in the Brazilian Organic Cotton Ecosystem［J］. Journal of Cleaner Production, 2022, 360（24）: 1-12.

［305］Peijian Wu, Dong Yang, Lijun Hu. Knowledge Map Analysis for Entrepreneurial Ecosystem Research［J］. Journal of Social Science and Humanities, 2022, 4（11）.

［306］Ramirez R. Value Co-production: Intellectual Origins and Implications for Practice and Research［J］. Strategic Management Journal, 1999, 20（1）: 49-65.

［307］Re Beatrice, Magnani Giovanna. Value Co-Creation Processes in the Context of Circular Entrepreneurship: A Quantitative Study on Born Circular Firms［J］. Journal of Cleaner Production, 2023: 392.

［308］Rochet J C, Tirole J. Defining Two-sided Morkets［R］. Univrersty of Tolouse, 2004.

［309］Sahhar Yasin, Loohuis Raymond. Characterizing the Spaces of Consumer Value Experience in Value Co-Creation and Value Co-Destruction［J］. European Journal of Marketing, 2022, 56（13）: 105-136.

［310］Samar A, Joseph A, Amgad B. Sharing-Economy Ecosystem: A Comprehensive Review and Future Research Directions［J］. Sustainability, 2023, 15（3）.

[311] Sancino Alessandro, Braga Alessandro, Corvo Luigi, et al. New Development: Mitigating Disvalue through a Material Understanding of Public Value Co-Creation [J]. Public Money & Management, 2023, 43 (1): 51-53.

[312] Sang yun Han. The Effect of Performance Feedback on Firms' Decision to Form an International Strategic Alliance and Performance in the Korean Manufacturing Industry [J]. Journal of Korea Trade (JKT), 2021, 25 (6): 57-77.

[313] Se Jong Oh, Young Jae Kim, III Chul Doo. Study of Profit Model of Web-dramas on Portal Sites using Big Data; Focused on the Web-dramas with the K-pop Singers as the Lead Casts: "EXO, Next Door" and "I Order You" [J]. Multimedia Tools and Applications, 2017, 76 (4).

[314] Shen Rui, Guo Hai, Ma Hongjia. How Do Entrepreneurs' Cross-cultural Experiences Contribute to Entrepreneurial Ecosystem Performance [J]. Journal of World Business, 2022, 58 (3).

[315] Shen Wenwen, Nie Yuankun, Long Chao, et al. Research on the Mechanism of Collaborative Value Co-Creation of Enterprise–Science Community: A Case Study Based on the Green Brand Maoduoli [J]. Sustainability, 2022, 14 (22): 476-483.

[316] Spaniol Matthew J. Rowland Nicholas J. Business Ecosystems and the View from the Future: The Use of Corporate Foresight By Stakeholders of the Ro-Ro shipping Ecosystem in the Baltic Sea Region [J]. Technological Forecasting & Social Change, 2022, 184 (8).

[317] Van Gils A, Zwart P. Knowledge Acquisition and Learning in Dutch and Belgian SMEs: The Role of Strategic Alliances [J]. European Management Journal, 2004, 22 (6): 685-692.

[318] Vargo S L, Lusch R F. Service-dominant Logic: Continuing the

Evolution [J]. Journal of the Academy of Marketing Science, 2008 (36): 1-10.

[319] Wang Qingtao, Bai Xuan, Li Julie Juan. Achieving Value Co-Creation through Cooperation in International Joint Ventures: A Two-level perspective [J]. International Business Review, 2023, 32 (1).

[320] Wu Wenjian, Deng Li, Tao Yu, et al. Research on Evolutionary Game of Value Co-Creation Behavior of Shared Private Charging Piles of Electric Vehicles [J]. Discrete Dynamics in Nature and Society, 2022 (9): 1-11.

[321] Xia Li. Research on Profit Model of Suning Smart Retail E-Buy in Digital Ecology [J]. Journal of Physics: Conference Series, 2021 (4).

[322] Xu Lijuan, Sang Xiaokun. The Disadvantages and Innovation Strategy of the Current Profit Model of Traditional Retail [J]. BASIC & CLINICAL PHARMACOLOGY & TOXICOLOGY, 2020 (127).

[323] Yang Man, Leposky Tiina. An Entrepreneurial Framework for Value Co-Creation in Servitization [J]. Industrial Marketing Management, 2022, 107 (90-6): 484-497.

[324] Zahra S A, Nambisan S. Entrepreneurship and Strategic Thinking in Business Ecosystems [J]. Business Horizons, 2012, 55 (3): 219-229.

[325] Zeng Jingwei, Chen Xinyu, Liu Yun, et al. How does the Enterprise Green Innovation Ecosystem Collaborative Evolve Evidence from China [J]. Journal of Cleaner Production, 2022, 375 (6).

[326] Zhang Hui, Xiong Huanhuan, Xu Jianxin. Dynamic Simulation Research on the Effect of Governance Mechanism on Value Co-Creation of Blockchain Industry Ecosystem [J]. Sustainability, 2022, 14 (12).

［327］Zhang Wen, Liu Chao. Research on the Influence of Talent Ecosystem on Firm Innovation Performance: Based on the Mediating Role of Collaborative Innovation［J］. Frontiers in Environmental Science, 2022 (10).

［328］Zhang Yan, Yang Yuetao. Study on the Profit Model of Power Battery Enterprises［J］. SHS Web of Conferences, 2023 (158).

附 录

尊敬的先生/女士：

感谢您参与此次调研！本研究旨在调查平台企业的价值共创。本次调查的样本是有限的，您的回答将成为本次研究的重要依据。敬请您务必根据公司的实际情况，回答下面的每一个问题，甚为感谢！本问卷所得数据仅供整体分析研究，决不会进行个别处理与披露，请您勿需有任何顾虑并请尽量客观作答！

非常感谢您的合作与支持！敬祝事业顺利，宏图大展！

一、公司及个人基本资料

本部分是贵公司的基本资料，主要为配合学术研究所需，烦请真实填写，此数据绝不对外公开。请在选项上进行选择或填写。

1. 请问贵公司所在地区为［填空题］*_____

2. 请问贵公司的性质为［单选题］*

　○国有企业　　　○中外合资企业　　　○民营企业　　○其他

3. 请问贵公司的经营年限为［单选题］*

　○1～5年　　○6～10年　　○11～15年

　○16～20年　　○21年以上

4. 请问贵公司目前的员工人数为［单选题］*

　○500人以下　　○501～1000人　　○1001～5000人

○ 5001～10000 人　　　　○ 10001 人以上

5. 请问贵公司的总资产为［单选题］*

○ 1000 万元以下　　　　○ 1000 万～1 亿元　　　○ 1 亿～100 亿元

○ 100 亿～500 亿元　　　○ 500 亿元以上

二、战略联盟相关问题测量

战略联盟主要分为两个维度：契约治理和关系治理，并在相关维度下设相关问题。请对以下表述进行评分，1 代表非常不赞同、2 代表比较不赞同、3 代表一般、4 代表比较赞同、5 代表非常赞同。

6. 契约治理［矩阵量表题］*

题项	问题	1	2	3	4	5
CG1	企业与联盟成员有合理的契约条款，并能够约束联盟成员企业					
CG2	企业与联盟成员之间有合作目标、产出与阶段性成果等产出控制规定					
CG3	企业与联盟成员之间有一致且合理的技术保密、利润分配、项目合作管理等行为控制规定					
CG4	企业与联盟成员之间具有合作冲突解决的原则和机制					

7. 关系治理［矩阵量表题］*

题项	问题	1	2	3	4	5
RG1	企业与联盟成员成立了项目团队，并发挥了很大的作用					
RG2	企业提出的建议或意见能够得到联盟成员的重视					
RG3	企业面对合作中出现的问题不会推卸责任，并能够提供支持以帮助对方解决问题					
RG4	企业在合作中与联盟成员信息交流非常频繁，并且能够从联盟成员获得专有信息					
RG5	企业以积极合作的态度解决合作冲突和争论					

三、盈利模式相关问题测量

盈利模式主要分为两个维度：降本增能和业务增长，并在相关维度下设相关问题。请对以下表述进行评分，1代表非常不赞同、2代表比较不赞同、3代表一般、4代表比较赞同、5代表非常赞同。

8. 降本增能［矩阵量表题］*

编号	问题	1	2	3	4	5
RI1	企业的运营成本在可控范围之内					
RI2	企业的精细化运营能力有一定的提升					
RI3	企业无缝打通全链路交易链路，实现成本管理的部分优化					
RI4	企业打通全域商品体系，节约经营成本					

9. 业务增长［矩阵量表题］*

编号	问题	1	2	3	4	5
BG1	企业所推出的产品及服务具有较好的用户黏性					
BG2	企业拓宽消费者范围，消费者群体表现出更加广泛的趋势					
BG3	企业的业务更加多元化，实现盈利增长					
BG4	企业的业务呈现出爆发式增长的态势					

四、生态系统相关问题测量

生态系统主要分为两个维度：信息共享和动态能力，并在相关维度下设相关问题。请对以下表述进行评分，1代表非常不赞同、2代表比较不赞同、3代表一般、4代表比较赞同、5代表非常赞同。

10. 信息共享［矩阵量表题］*

编号	问题	1	2	3	4	5
IS1	企业与主要合作伙伴共享相关产品信息					
IS2	企业与其他同行企业的信息差差别较小					

续表

编号	问题	1	2	3	4	5
IS3	企业能够从外界环境中获得有用信息					
IS4	企业与外界的信息交流较频繁					

11. 动态能力 [矩阵量表题] *

编号	问题	1	2	3	4	5
DC1	企业能够较好地整合并利用企业内外部资源，促进并实现组织重构					
DC2	企业及管理层拥有较好的机会感知和把握能力，能够较好地洞察其发展环境，并及时做出适应市场的发展需要的决策					
DC3	企业及管理层拥有较高水平的社会资本配置和运用能力，维护企业和外部组织双方的利益					
DC4	企业具有持续成长学习的能力，及时适应时代的变化					
DC5	企业能够及时适时地进行组织变革，破除陈旧					

五、价值共创相关问题测量

价值共创主要分为两个维度：资源整合和价值创造，并在相关维度下设相关问题。请对以下表述进行评分，1代表非常不赞同、2代表比较不赞同、3代表一般、4代表比较赞同、5代表非常赞同。

12. 资源整合 [矩阵量表题] *

编号	问题	1	2	3	4	5
RA1	企业能够利用已有资源创造较好的效益，进而实现企业间的价值共创					
RA2	企业能够在保证基础性资源不发生显著变化的前提下实现价值的共同创造					
RA3	企业能够通过创造性地整合新的资源与现有资源，更好地为企业及其合作伙伴创造价值					

续表

编号	问题	1	2	3	4	5
RA4	企业能够通过增加其资源数量的方式实现企业间的价值共创					
RA5	企业用有创意的新方法对资源进行组合，进而实现企业间的价值共创					

13. 价值创造［矩阵量表题］*

编号	问题	1	2	3	4	5
VC1	企业现有技术得到根本性改进					
VC2	企业在市场中的知名度有明显提高					
VC3	企业在行业中的地位有显著提升					
VC4	企业的利润有明显增加					

本次问卷调查到此结束，再次感谢您的填写。